Marc Zirlewagen

Kurt Wolfram Elmenhorst / Carlos W. Elmenhorst (1910–2000)

Beiträge zur Geschichte der Schule Schloss Salem, Bd. 3

Herstellung und Verlag:

BoD – Books on Demand, Norderstedt

ISBN 978-3-7568-1856-3

Inhaltsverzeichnis

Kurt Wolfram Elmenhorst / Carlos W. Elmenhorst.

Vorwort

Salemer Nationalsozialisten: Eine These von George L. Mosse

Die Schule Schloss Salem war nach dem Urteil des renommierten jüdischen Historikers George L. Mosse, der Salem 1928–1933 besuchte, „ganz und gar nicht nazistisch, aber dafür durch und durch nationalistisch“.[1] Dennoch bekannten sich bereits vor der „Machtergreifung“ 1933 einzelne Salemer offen zum Nationalsozialismus. Die gerade einmal sechs Salemer NS-Schüler des Jahres 1930 nahm man laut den Erinnerungen von Herbert von Nostitz jedoch nicht besonders ernst[2] und noch im Mai 1933 bestand die – noch inoffizielle – Salemer HJ-Gruppe aus nur 10 bis 15 Schülern.[3] Frühe bekannte Nationalsozialisten von Seiten der Lehrerschaft sind Wilhelm Kuchenmüller und Karl Neuscheler, von Seiten der Schülerschaft Manfred Graf von Pourtalès.[4] Auch im Salemer Bund, in dem sich ein Teil der Salemer Altschülerschaft organisiert hatte, fanden sich offenbar nur wenige Mitglieder von SA und SS, folgt man einer Feststellung von Pourtalès im November 1932. Demnach war das bekannte Rundschreiben von Salems Schulleiter Kurt Hahn, welches er am 9. September 1932 an die Mitglieder des Salemer Bundes verschickte und nach dem diese angesichts der Reaktion Hitlers auf den Mord von Potempa entweder das Treueverhältnis zu Hitler oder zu Salem lösen sollten, laut Ruprecht Poensgen weniger ein Hinweis auf die Hinwendung der Altschüler zum Nationalsozialismus, sondern vielmehr ein Zeichen an die Öffentlichkeit.[5] Trotzdem ließ der Nationalsozialismus laut Mosse die Salemer alles andere als unbeeindruckt. So schätzt er die Zahl der Salem-Absolventen, die sich Hitlerjugend, SA oder SS anschlossen auf

---

[1] Mosse, George L.: Aus großem Hause – Erinnerungen eines deutsch-jüdischen Historikers, München 2003, S. 116. Lothar Machtan stimmt ihm zu: Er bezeichnet die Salemer Erziehung als „politisch-manipulativ“ im Sinn „eines ethisch veredelten Deutschnationalismus“. Siehe in: Machtan, Lothar: Prinz Max von Baden – Der letzte Kanzler des Kaisers. Eine Biographie, Berlin 2013, S. 483.

[2] Nostitz, Herbert von: Diplomat ohne Lorbeer – Erinnerungen aus dem „gehobenen Dienst“, München 1992, S. 55.

[3] Poensgen, Ruprecht: Die Schule Schloß Salem im Dritten Reich, in: Vierteljahreshefte für Zeitgeschichte, 44. Jg., H. 1 vom Januar 1996, S. 33.

[4] Deren Biographien siehe in: Zirlewagen, Marc: Akteure, Gegner und Opfer der Schule Schloss Salem im „Dritten Reich“, Norderstedt 2022.

[5] Poensgen: Die Schule Schloß Salem im Dritten Reich, a. a. O., S. 30.

300. Leider macht er keine Angaben darüber, wie er zu dieser Schätzung gelangte und für welchen Zeitraum er den Anschluss an diese Organisationen angibt.

Zur These von George L. Mosse: Salemer Erziehungsziele

Als Grund für die Hinwendung zum Nationalsozialismus macht Mosse auch die Salemer Erziehung verantwortlich. So sei Salem zu seiner Zeit trotz des jüdischen Schulleiters und zahlreicher jüdischer Mitschüler latent antisemitisch gewesen. Zudem habe die hierarchische Ordnung der Schülerschaft „nicht gerade demokratische Züge" getragen. Ziel Salems sei es gewesen im Rahmen einer „Erziehung zur Disziplin" „soldatische" Männer und Frauen „in freiwilliger Konformität" zu Pflichtgefühl, moralischer Festigkeit, tatkräftigem Mut, eiserner Selbstkontrolle und Bereitschaft zur Hingabe an andere zu erziehen. Mosse sieht den Charakter dieser Erziehung zwar als deutschnational an, glaubt jedoch insbesondere in der Salemer Elitenbildung einen Kern für den Eintritt vieler Salemer in die SS zu erkennen: „Einer Elite anzugehören und damit zum Führen Befähigter zu sein, brachte allerdings auch Verpflichtungen mit sich, zum einen die unbedingte Pflicht zur Ehrlichkeit und Selbstdisziplin, wie sie an unserer Schule gelehrt wurde, vor allem aber die Verpflichtung Mut zu zeigen – nicht soldatischen Kampfesmut (der wurde als selbstverständlich vorausgesetzt), sondern den Mut, für das einzustehen, was man als richtig erachtete." So seien die Salem-Absolventen laut Mosse den NS-Organisation möglicherweise in der Überzeugung beigetreten, „sie bewiesen Mut, indem sie die nationalistische Sache unterstützen."[6]

Ein Glücksfall für die Forschung

Mosses These ließ sich mangels biographischer Quellen bislang kaum überprüfen. So war es ein Glücksfall, als im Mai 2022 beim Internetauktionshaus ebay vom online-Antiquariat Roland Füchsle in Augsburg[7] ein

---

[6] Salem als Charakterschule, in: Mosse: Aus großem Hause – Erinnerungen eines deutsch-jüdischen Historikers, a. a. O., S. 85-117.

[7] Wie das Konvolut bei ebay landete – im Angebot des Augsburger Antiquariats sind auch Briefe und Postkarten von Max Elmenhorst an seine Frau aus der Zeit von 1899 bis 1916 –, können sich weder Charlotte Elmenhorst-Volz noch Kristin Müller-Hausser erklären. Da die 106 Briefe, Postkarten und Fotos von Max Elmenhorst im Gegensatz zum Konvolut der Briefe von Kurt Wolfram Elmenhorst zu überteuerten „Phantasiepreisen" angeboten werden (viele Brief werden bis zu ca. 70 Euro und viele Postkarte bis zu ca.

Konvolut von etwa 130 Briefen und Postkarten von Kurt Wolfram Elmenhorst (1910–2000) – er sollte sich später Carlos W. Elmenhorst nennen –[8] aus dem Zeitraum von 1922 bis 1939 angeboten wurde. Der Altsalemer Philipp Wilden erwarb das Konvolut für das Kurt-Hahn-Archiv (KHA). Aus der anschließenden Recherche über Elmenhorst ergab es sich, dass seine Nichte Kristin Müller-Hausser (* 1944) ebenfalls Altsalemerin ist. Sie bewohnt noch bis Sommer 2024 die „Villa Elmenhorst" in Überlingen, welche die Eltern von Kurt Wolfram Elmenhorst 1922 erbaut hatten. Aus dem Familienarchiv konnte sie neben Fotos und einem Gästebuch der Villa auch etwa 90 Briefe und Postkarten beisteuern, die Kurt Wolframs Bruder Hinrich Elmenhorst (1915–1940) von 1932 bis 1938 von seinem Bruder sowie Freunden und Verwandten erhalten hatte. Sie befinden sich heute ebenfalls im KHA. Außerdem vermittelte sie den Kontakt zu ihrer Cousine Charlotte Elmenhorst-Volz, der Tochter von Kurt Wolfram Elmenhorst. Sie stellte weitere Fotos und 108 Briefe und Postkarten insbesondere von Kurt Wolfram Elmenhorst an seine Eltern und von seiner Mutter an ihn im Zeitraum von Ende 1932 bis Ende 1941 für eine Auswertung zur Verfügung. Sie sind nun wieder in Privatbesitz übergegangen. Die etwa 200 von Kurt Wolfram Elmenhorst verfassten Briefe und Postkarten, welche zur Auswertung zur Verfügung standen, entstanden während dessen Trennung von seinen Eltern aufgrund seiner Schulzeit in Haubinda 1922/23, seines Studiums in Exeter 1928, seiner Lehre in Hamburg 1928–1932 und nach seiner Auswanderung nach Guatemala Ende 1932. In den Briefen dominieren Nachrichten über das tägliche Leben (Essen, Wäsche, Wohnen, Studium/Lehre/Arbeit, Ausflüge, Sport, Sparsamkeit/Finanzen, Hoffnungen, Wünsche) sowie über Familie, Verwandte und Bekannte. Meist sind Salem sowie Salemer Lehrer und Schüler Inhalt der Briefe. Auch finden sich darin detaillierte Angaben über seine Gründe für den Beitritt zur NSDAP und zur SA Ende 1930 sowie sein Handeln als Hamburger SA-Mann bis 1932. Auch geht aus den Briefen hervor, wie Elmenhorst den Nationalsozialismus in Guatemala erlebte und warum er 1936 aus der NSDAP wieder austrat. Da es ab 1933 keinen Mut mehr erforderte, den

50 Euro angeboten), war an einen Ankauf im Rahmen dieser Auswertung nicht zu denken und so wurde vom Autor nur das Foto von Max Elmenhorst als Seekadett 1899 erworben.

[8] Elmenhorst wurde auf die Vornamen Kurt, Wolfram, Walter, Carl getauft. In Guatemala nutzte er seinen 4. Vornamen in der spanischen Fassung Carlos bzw. der englischen Fassung Charles.

Nationalsozialismus zu unterstützen und sich eine Prüfung von Mosses These daher nur mit Blick auf frühe Salemer Nationalsozialisten lohnt, bieten sich die Elmenhorst-Briefe als Fallbeispiel an. Wie repräsentativ sie sind, könnten jedoch nur weitere Quellen dieser Art zeigen.

Pfaffenwiesbach im April 2023

Marc Zirlewagen

Die Herkunft: Die Familie Elmenhorst

Der „Hamburger Stamm" und dessen „Äste"

Die Herkunft der Familie Elmenhorst lässt sich – auch dank der Nachforschungen von Kurt Wolfram Elmenhorst – bis ins 15. Jahrhundert zurückverfolgen. Sie geht demnach auf einen Hofbesitzer in der Grafschaft Hoya zurück. Seinen Namen erhielt er vermutlich aufgrund seiner Herkunft aus der bei Estorf im heutigen Kreis Minden gelegenen Siedlung Elmenhorst, die bereits im 14. Jahrhundert aufgegeben worden war. Während der „Estorfer Stamm" der Familie vor Ort verblieb, bildete sich Anfang des 18. Jahrhunderts ein „Hamburger Stamm" in Altona. Dort begründete Hinrich Christian Elmenhorst (1726–1779)[9] als Kaufmann und Partenreeder die Firma „Elmenhorst & Co." in Altona. Er handelte insbesondere mit Salz aus Lüneburg und war mit dem Im- und Export von und zum Mittelmeer sowie zu den Atlantikhäfen Frankreichs ein erfolgreicher Geschäftsmann. Bei seinem Tod galt er als einer der wohlhabendsten Bürger in Altona. Seine beiden Söhne Christian Friedrich Elmenhorst (1766–1807) und Peter Daniel Elmenhorst (1767–1816) führten die Firma als „Elmenhorst Gebrüder" fort. Diese umging die von Napoleon ausgerufenen Kontinentalsperre erfolgreich und handelte mit Schmuggelware. Die Gewinne des Handelshauses flossen über Peter Daniel Elmenhorst spätestens ab dem 19. Jahrhundert auch in soziale Projekte. Sie gingen unter anderem in das Altonaer Waisenhaus, den Altonaer Unterstützungs-Verein und in die Altonaer Sparkasse. Daran erinnert die nach Peter Daniel Elmenhorst benannte Elmenhorststraße in Altona. 1876 wurde „Elmenhorst Gebrüder" aufgelöst. Bis heute existieren – begründet von Enkeln des Peter Daniel Elmenhorst – vier Familienstämme: der Theodor Hinrichsche Ast (nach Theodor Hinrich Elmenhorst, 1838–1883), der Waltersche Ast (nach Walter Richard Elmenhorst, 1839–1894), der Percivalische Ast (nach John Percival Elmenhorst, 1841–1913) und der Friedrichsche Ast (nach Friedrich Wilhelm Elmenhorst, 1847–1908). Diese sind durch Heirat mit zahlreichen alten Hamburger Kaufmannsfamilien, Senatoren- und Bürgermeisterfamilien verknüpft.

---

[9] Biographische Informationen siehe hier: https://de.wikipedia.org/wiki/Hinrich_Christian_Elmenhorst (abgerufen am 16. September 2022).

Der Waltersche Ast

Walter Richard Elmenhorst (* 4.11.1839 in London – † 22.10.1894 in Montreal) studierte Maschinenbau auf der Eidgenössischen Technischen Hochschule in Zürich. Sein Studium schloss er 1862 als Ingenieur ab. Ab 1864 war er Leiter einer Zuckerraffinerie für Wiechers & Mathiessen in New Jersey. Am 3. April 1873 heiratete er in Altona Martha Sophie Donner (* 3.2.1854 in Danzig – † 4.1.1929 in Kollund). Sie war die Tochter des preußischen Konteradmirals Johann Otto Donner (1808–1873)[10] und Großnichte des Kaufmanns und Bankiers Conrad Hinrich Donner (1774–1854).[11] 1880 wurde Walter Richard Elmenhorst Gründer und Direktor der St. Lawrence Sugar Raffinery im kanadischen Montreal. Daneben war er Präsident der 1884 gegründeten Royal Electric Company in Montreal. Kurz vor seinen Tod hatte die St. Lawrence Sugar Raffinery über 270 Mitarbeiter.[12] Nach seinem frühen Tod in Folge eines Herzschlags übernahm die Zuckerraffinerie Alfred Baumgarten, der mit einer Nichte von Martha Sophie Elmenhorst verheiratet und zuvor Vize-Präsident der Raffinerie gewesen war. Martha Sophie Elmenhorst zog nach dem Tod ihres Mannes nach Kiel. Aus der Ehe gingen fünf Kinder hervor: Walter Richard Elmenhorst (1876–1881), Alice Martha Elmenhorst (1878–1963, verheiratete Graßhoff), der Marineoffizier Max Wolfram Elmenhorst (1880–1936), Elsa Constanze Elmenhorst, (1883–1967, verheiratete Götting) und der Kaufmann Walter Donner (1886–1962).[13]

---

[10] Biographische Informationen siehe hier: https://de.wikipedia.org/wiki/Johann_Otto_Donner (abgerufen am 16. September 2022).

[11] Biographische Informationen siehe hier: https://de.wikipedia.org/wiki/Conrad_Hinrich_Donner_(Bankier,_1774) (abgerufen am 16. September 2022).

[12] Lovell's Historic Report of Census of Montreal, o. O. 1891, S. 82.

[13] Elmenhorst, Kurt Wolfram: Elmenhorst, in: Hamburgisches Geschlechterbuch, Bd. 15, Limburg 1999, S. 1-30 (Deutsches Geschlechterbuch, Bd. 209).

Max Elmenhorst als Seekadett.

Max Elmenhorst als Marineoffizier.

Der Vater: Max Elmenhorst (1880–1936)

Marine statt Studium

Max Elmenhorst (* 3.12.1880 in Montreal – † 4.4.1936 in Überlingen) wurde zunächst im Elternhaus unterrichtet und besuchte später öffentliche und private Schulen in Montreal. Die Familie war in die deutsche Gemeinde vor Ort eingebettet und vergaß seine Wurzeln nicht, wie Max Elmenhorst einige Jahrzehnte später berichtete: „In meinem elterlichen Hause wurde stets das Deutschtum betont. Meine Eltern nahmen meine 3 Geschwister und mich mehrfach auf Besuch mit nach Deutschland.“[14] Dennoch waren seine Deutschkenntnisse mangelhaft. So besuchte er nach dem Umzug der Familie nach Deutschland im Anschluss an den Tod seines Vaters zunächst ein ¾ Jahr eine Privatlehranstalt in Kiel und 2 ½ Jahre eine Privatschule in Heidelberg. Als Sohn eines Maschinenbau-Ingenieurs hatte er ursprünglich die Absicht Schiffsmaschinenbau zu studieren. Er begann daher am 4. September 1898 die für das Studium obligatorische praktische Arbeitszeit als Tischlerlehrling auf den Howaldtswerken in Kiel. Daneben nahm er in den Abendstunden Privatunterricht in Mathematik, Physik und sonstigen Fächern, die ihn auf das Studium vorbereiten sollten. Verwandtschaftliche und freundschaftliche Verbindungen zu Marineoffizieren[15] führten zu einem ausgedehnten gesellschaftlichen Umgang „und ich wurde im Laufe der Zeit von dem Geiste der damals heranwachsenden Marine derart beseelt, daß ich mich im April 1899 entschloß, den von mir ursprünglich gewählten Beruf aufzugeben und in die Marine einzutreten“. Obwohl er die geforderte Prima-Reife durch entsprechende Zeugnisse nicht nachweisen konnte, bestand er die Eingangsprüfung und wurde am 29. April 1899 als Seekadett an Bord der Segelfregatte *Gneisenau* eingestellt. Zuvor hatte er noch im selben Jahr die deutsche Staatsbürgerschaft erhalten. Was folgte war „die harte Schule des Seeoffiziers“:[16] Auf der *Gneisenau* machte er seine ersten Seefahrten in den Nordatlantik (Norwegen, Island, Schottland, Irland) und ins Mittelmeer. Ab April 1900 war er

---

[14] Lebenslauf des Korvettenkapitäns a. D. Elmenhorst (um 1919), zur Verfügung gestellt aus dem Familienarchiv von Kristin Müller-Hausser.

[15] Seine ältere Schwester Alice Martha Elmenhorst heiratete am 15. Juli 1899 in Kiel den Leutnant zur See Curt Graßhoff 2). Dessen biographische Angaben und Literaturhinweise siehe im Anhang „Kurzbiographien“.

[16] Zeitungsnachruf (vermutlich aus der Bodensee-Rundschau) vom 6. April 1936 aus dem Familienarchiv von Kristin Müller-Hausser.

Säbelfähnrich zur See an Bord des Linienschiffs *Kaiser Friedrich III.* Am 27. September 1902 wurde er zum Leutnant zur See befördert,[17] ab April 1904 war er Oberleutnant zur See. Vom Mai 1904 bis zum November 1905 diente er auf dem Kleinen Kreuzer *Sperber*, der ihn rings um Afrika und nach Ostasien führte. „Seine afrikanischen Erlebnisse zählten mit zu den schönsten und größten seines Lebens, weil gerade sie Max W. Elmenhorst, in dessen Adern von mütterlicher Seite isländisches Wikingerblut floß und dessen Großvater schon erst dänischer und dann preußischer Seeoffizier war, innerlich am meisten gaben", so ein Nachruf. Anschließend erhielt er ein kurzes Landkommando und wurde dann nach Flensburg an Bord eines Torpedoschulschiffs kommandiert. Dort war er zunächst Wachoffizier und nach erhaltener Sonderausbildung Fähnrichslehrer und schließlich Offizierslehrer des Torpedowesens.

Das Autowrack vom 4. Juni 1908.

Autounfall mit Folgen

Am 4. Juni 1908 befand er sich zusammen mit Kapitänleutnant Max Assmann und Oberleutnant zur See Fritzsche[18] – dem Erfinder einer Flugmaschine – in einem Auto auf einer Fahrt von Rüsselsheim nach Kiel. Dabei kam es in Meine nördlich von Braunschweig zu einem Unfall, bei dem

[17] Die wissenschaftliche Reifeprüfung zum Seeoffizier hatte er im selben Monat als 40ster von 142 Bewerbern bestanden.

[18] Biographische Angaben und Literaturhinweise siehe im Anhang „Kurzbiographien".

Fritzsche sowie Assmann ums Leben kamen. Der Chauffeur Fritzsches, Eicke – der den Wagen auf dieser Fahrt nicht lenkte –, erlitt bei dem Unfall einen Schlüsselbein- und einen Unterschenkelbruch, Elmenhorst zog sich einen Schulterblattbruch zu, der ihn zeitweise dienstunfähig machte.[19] Mehrere Zeitungen berichten über das Ereignis. Danach kam es gegen 19 Uhr zu dem Unfall, als Fritzsche einer Radfahrerin ausweichen wollte, die aus einer Nebenstraße kam: Fritzsche habe so stark gebremst, dass sich das Auto zweimal um die eigene Achse gedreht habe und „mit voller Gewalt" gegen eine Planke geschlagen sei. Einige Zeitungen äußerte dabei die Vermutung, dass das Auto mit 80 Stundenkilometer unterwegs gewesen sei.[20] Andere Meldungen gaben eine Geschwindigkeit von 40 Stundenkilometern an.[21] Die Dresdner Nachrichten berichteten am 7. Juni über die Anteilnahme vor Ort: „Zu dem Automobilunglück bei Braunschweig wird berichtet, daß der schwerverletzte Oberleutnant Elmenhorst keine gute Nacht verbracht habe. Die Teilnahme der Ortsbewohner von Meine ist eine innige und allgemeine. Die beiden toten Marineoffiziere sind in kostbaren Särgen aufgebahrt. Die Särge sind mit Kränzen und Blumen geschmückt."[22] Da vermutet wurde, dass das Auto zu schnell unterwegs war, wurde eine Ermittlung eingeleitet. Die Berliner Börsen-Zeitung berichtete über das Ergebnis: „Zu den Berichten über das schwere Automobilunglück bei Meine wurde vielfach die rasende Geschwindigkeit hervorgehoben, die das Automobil auf der Fahrt von Braunschweig nach Meine gehabt haben sollte. Von sachverständiger Seite wird jetzt darauf hingewiesen, daß die gegenteiligen Angaben der Überlebenden, Oberleutnant zur See Elmenhorst und Chauffeur Eicke, bestätigt werden durch die bisher angestellten Ermittlungen und Prüfungen." Danach hatte das Auto ein „gewöhnliches Straßentempo" gehabt. Die von Bäumen gesäumte Straße habe eine freie Sicht und damit ein höheres Tempo unmöglich gemacht. Schuld am Unglück sei wohl die defekte linke Handbremse gewesen, so dass das Fahrzeug durch alleinige Wirkung der rechten Handbremse ins Schleudern gekommen sei. Beim Aufprall seien alle Insassen

[19] Zum Automobilunfall des Oberleutnants Fritzsche, in: Dresdner Nachrichten vom 11. Juni 1908.

[20] So zum Bsp. die Berliner Börsen-Zeitung sowie die Badische Presse vom 5. Juni 1908, die Norddeutsche Allgemeine Zeitung vom 6. Juni 1908 und das Jeversche Wochenblatt vom 7. Juni 1908.

[21] 1. Beilage zur Sächsischen Dorfzeitung und Elbgaupresse vom 6. Juni 1908

[22] Dresdner Nachrichten vom 7. Juni 1908.

aus dem Wagen geschleudert und Fritzsche und Assmann vom umgekippten Wagen erschlagen worden. Der Aufprall habe nur wenig Schäden am Auto ergeben und bei höherem Tempo wären die Insassen weiter herausgeschleudert worden als tatsächlich geschehen: „Lediglich das Versagen der linken Handbremse, vielleicht im Zusammenhang mit einem nicht völligen Vertrautsein mit der noch völlig neuen Maschine, kann als Ursache gewertet werden.“[23]

Kriegsdienst und Abschied

Ab 27. Januar 1909 war Elmenhorst Kapitänleutnant. Er diente nach seiner Genesung zunächst auf einem Landkommando bei der II. Abteilung der I. Werftdivision in Kiel. Im Herbst 1909 wurde er Kommandant des Torpedoboots G 170 der II. Flottille. Nach Auflösung der II. Flottille wurde er Erster Torpedooffizier an Bord des Linienschiffs *Pommern.* Nach Kriegsausbruch 1914 wurde er Erster Offizier auf dem Kleinen Kreuzer *Thetis*. Auf diesem diente er in der Ostsee und insbesondere zur Sicherung vor Memel. Am 2. Januar 1915 berichtete er seiner Frau, dass es die (russischen) „Hunde“ wegen der deutschen Flotte und der von ihr gelegten Minen nicht wagen würden aus ihrem Hafen zu kommen. Er rechnete daher mit einem Scheitern einer russischen Landung von See, sollte diese starten und hoffte stattdessen auf einen deutschen Angriff: „Dann sollen sie mal sehen was es heisst Krieg im eigenen Lande zu haben. Wenn blos erst alles vorbei wäre und wir hätten gewonnen.“ Am 25. März 1915 beschwerte er sich in einem Brief an seine Frau, dass sein Schiff zwar stets alarmiert würde, wenn die russische Marine im Anmarsch war, doch „wenn es ans Schiessen geht, schiessen die andern, wir haben den ehrenvollen Auftrag Schmiere zu stehen“. Nach Abzug der Hochseeflotte sah er die *Thetis* vor Memel als in einem „Mauseloch“ sitzend an: „Wir armen Biester“ hätten nur den Auftrag, „die Memeler Bevölkerung zu beruhigen.“ Die *Thetis* lief im Juni 1915 auf eine russische Mine, wurde schwer beschädigt und im September 1915 außer Dienst gestellt. Elmenhorst wurde für einige Monate als Lehrer des Torpedowesens auf das Torpedoschulschiff kommandiert, wo er sich im Dienst eine Rippenfellentzündung zuzog. Er war borddienstunfähig und erhielt einen längeren Erholungsurlaub, den er in Garmisch und in Partenkirchen verbrachte. Am 24. April 1916 wurde er zum Korvettenkapitän befördert. Nach Ende des Urlaubs

[23] Berliner Börsen-Zeitung vom 11. Juni 1908.

wurde er Referent beim Torpedo-Versuchskommando in Kiel, wo es zu seinen Aufgaben gehörte die Torpedobewaffnung neuer Schiffe und U-Boote zu testen. Zuletzt war er militärischer Mitarbeiter der Torpedowerkstätte in Friedrichsort. Dort fertigten bis zu 7.000 Arbeiter die Torpedos für die Marine. Ausgezeichnet wurde er mit dem Eisernen Kreuz II. Klasse. Nach Kriegsende diente er bei der Torpedo-Inspektion. Am 20. August 1919 wurde er verabschiedet. 1922 zog er wegen des milderen Klimas von Kiel nach Überlingen. Dort erwarb er von Kommerzienrat Uhlig aus Würzburg am 4. Mai 1922 eine Villa am Rehgehege mit parkähnlichem Garten.[24] „Nobler wohnt man in Überlingen nirgends", so ein modernes Urteil.[25] Elmenhorst wurde Privatier und betrieb nebenher eine Geflügel-Zuchtstation.[26] Über das Thema „nutzbringende Hühnerzucht" berichtete er unter anderem im Dezember 1926 im Rahmen der Landwirtschaftlichen Winterschule in Salem.[27]

Ein Nachruf

Laut den Angaben seiner Witwe gegenüber der französischen Besatzungsmacht[28] war Max Elmenhorst Mitglied der Deutschnationalen Volkspartei. Nach deren Auflösung trat er der NSDAP nicht bei. 1930 lud er zum Vortrag des Alldeutschen Verbands „Der Alldeutsche Verband, Dr Hugenberg, Adolf Hitler und die Aufgaben nationaler Politik" von Schriftsteller Karl Grube in Überlingen ein.[29] Er war zu dieser Zeit also vermutlich Vorstandsmitglied der dortigen Ortsgruppe. Daneben war er ab etwa 1930 Mitglied des Stahlhelms. Nach dessen Auflösung wurde er 1934 in die SA überführt, in der er bis zu seinem TBC-Tod Mitglied war, zuletzt als Sturmbannführer. Nach seinem Tod bilanzierte ein Zeitungsnachruf:

---

[24] Zum Grundstücksverkauf von Landwirt Johann Hafner an Max Elmenhorst 1922/23 siehe im Staatsarchiv Freiburg (StAF) 236 Nr. 26976.

[25] Servus in Stadt & Land Deutschland, 7/2015. Seine Enkelin, die Salem-Absolventin Kristin Müller-Hausser, erinnert sich: „Das Haus in Überlingen war immer voller Freunde, Gäste und durch die Kinder auch voller Salemer Klassenkameraden." Sie übernahm das Haus später und richtete in der „Villa Elmenhorst" eine exklusive Ferienwohnung mit 82 m^2 ein.

[26] Von deren Erfolg berichtet Kurt Wolfram Elmenhorst in einem Brief vom 10. März 1922: „Daß die Hühner so viel legen würden, hätte ich nie gedacht."

[27] Badische Presse vom 21. Dezember 1926 (Abendausgabe).

[28] Spruchkammerakten Lisa Elmenhorst siehe in StAF D 180/2 Nr. 1348546. Ihre Versorgungsakten siehe in StAF G 1205/5 Nr. 850.

[29] Siehe in: GLA, 69 Baden, Salem, 13 Nr. 128.

„Wieder betrauern wir den Verlust eines wertvollen Mitbürgers. Korvettenkapitän a. D. Elmenhorst ist nach schwerem Leiden gestorben. Herausgewachsen aus der harten Schule des Seeoffiziers und sein ganzes Leben dem Dienst des Vaterlandes gewidmet, sahen wir ihn in der Kampfzeit gegen das System aktiv im Stahlhelm und nach der Machtübernahme als Führer in der SAR. Es war Max W. Elmenhorst vergönnt, in der stolzen Marine der Vorkriegszeit zu dienen. [...] Enttäuscht vom Niederbruch des Vaterlandes und krank, nahm Max W. Elmenhorst nach dem Kriege seinen Abschied und siedelte sich hier an. Und es war ihm der stolzeste Tag, als der Führer vor einem Jahr dem deutschen Volke die Wehrfreiheit und damit die Ehre wiedergab, wie es ihm auch unendlich schwer wurde, wegen seiner schweren Krankheit bei der letzten Wahl dem Führer nicht auch durch seine Stimme im Kampf um des Vaterlandes endgültige Freiheit beistehen zu können. Der Freude aber über das überwältigende Bekenntnis gab er mit den Worten Ausdruck: Wir schaffen es doch! – So stand Max W. Elmenhorst stets vor uns als ein Mann der Tat, jederzeit bereit für das Vaterland, und so werden wir alle, die ihn kannten, stets sein Andenken ehren."

Dass Elmenhorst national dachte und sich für das Deutsche Reich eine starke Marine wünschte, scheint ohne Zweifel zu sein. Noch 1930 missbilligte er jedoch, wie noch zu zeigen sein wird, den Eintritt seines Sohns Kurt Wolfram Elmenhorst in die SA. Ebenso verhielt es sich mit dem Eintritt seiner Frau in die NSDAP 1933. Obwohl er eher den alten Eliten zugeneigt war, ließ er sich von den Nationalsozialisten 1933 als Stadtverordneter in Überlingen einsetzen.

Stadt Ueberlingen

Sonntagsrückschau

Der April, der im allgemeinen auch dieses Jahr seinem Namen als wetterlaunischer Geselle alle Ehre macht, meinte es gestern mit der Jugend gerade noch gut. Auf Regen folgte etwas Sonnenschein für den Festtag der Kinder der evangelischen Gemeinde, die gestern konfirmiert wurden, und die vielen Kinder, die aus Grün und Früchten wahrhaft kunstvoll gestaltete Palmen ins Münster trugen. Der Palmsonntag hatte früher noch ein viel festlicheres Gepräge. In Konstanz wurde dabei der Palmesel nicht nur in der Prozession mitgeführt, sondern die Kinder hatten nachher die Freude, für einen Kreuzer vom Mesner einige Male hin- und hergezogen zu werden. 1784 hörte dieser Brauch auf und der Palmesel wurde verbrannt. In Ueberlingen haben wir den Palmesel noch und mancher Fremde staunt ihn im Museum an, wenn ihm von diesem alten Brauch erzählt wird. Die Palmen sind bis heute geblieben und auch der kurze Gang ums Münster.

Die NS.-Volkswohlfahrt wandte sich gestern durch eine Reichsgeldsammlung mit der Bitte an die Volksgenossen, sie in ihren großen, dem ganzen Volke dienenden Aufgaben, namentlich ihrer Betreuung von Mutter und Kind zu unterstützen. Die Leiter der Behörden und Führer der NS.-Gliederungen führten diese Sammlung erfolgreich durch. Sehr gern wurden die hübschen Schmetterlinge gekauft. In besonderer Weise stellte sich auch die NS.-Kapelle in den Dienst der NSV. und gab vormittags ein Konzert auf der Hofstatt.

Todesfall

Ueberlingen. Wieder betrauern wir den Verlust eines wertvollen Mitbürgers. Korvettenkapitän a. D. Elmenhorst ist nach schwerem Leiden gestorben. Herausgewachsen aus der harten Schule des Seeoffiziers und sein ganzes Leben dem Dienst des Vaterlandes gewidmet, sahen wir ihn in der Kampfzeit gegen das System aktiv im Stahlhelm und nach der Machtübernahme als Führer in der SAR. Es war Max W. Elmenhorst vergönnt, in der stolzen Marine der Vorkriegszeit zu dienen. 1899 als Seekadett eingetreten, machte er auf der im nächsten Jahre vor Malaga untergegangenen Segelfregatte „Gneisenau" seine ersten Seefahrten nach den Nordländern und dem Mittelmeer, kam nach der Beförderung zum Offizier dann an Bord des Kreuzers „Sperber", mit dem er rings um Afrika und nach Ostasien fuhr. Seine afrikanischen Erlebnisse zählten mit zu den schönsten und größten seines Lebens, weil gerade sie Max W. Elmenhorst, in dessen Adern von mütterlicher Seite isländisches Wikingerblut floß und dessen Großvater schon erst dänischer und dann preußischer Seeoffizier war, innerlich am meisten gaben. Dann folgen die Jahre als Kommandant eines Torpedobootes. Bei Kriegsausbruch wurde Elmenhorst Kapitänleutnant und 1. Offizier des kleinen Kreuzers „Thetis". Auf der „Thetis" war er bei der Befreiung Memels dabei. Eine schwere Erkrankung, die sich Elmenhorst beim Auflaufen des Kreuzers auf eine russische Mine zuzog, machte ihn seedienstunfähig. Sein reiches Können diente dann dem Vaterland in der Torpedowerkstätte in Friedrichsort. Enttäuscht vom Niederbruch des Vaterlandes und krank, nahm Max W. Elmenhorst nach dem Kriege seinen Abschied und siedelte sich hier an. Und es war ihm der stolzeste Tag als der Führer vor einem Jahr dem deutschen Volke die Wehrfreiheit und damit die Ehre wiedergab, wie es ihm auch unendlich schwer wurde, wegen seiner schweren Krankheit bei der letzten Wahl dem Führer nicht auch durch seine Stimme im Kampf um des Vaterlandes endgültige Freiheit beistehen zu können. Der Freude aber über das überwältigende Bekenntnis gab er mit den Worten Ausdruck: Wir schaffen es doch! — So stand Max W. Elmenhorst stets vor uns als ein Mann der Tat, jederzeit bereit für das Vaterland, und so werden wir alle, die ihn kannten, stets sein Andenken ehren. Den Hinterbliebenen auch unsere herzlichste Teilnahme!

Für die Ordensburg ausgewählt

Ueberlingen. Unser Pg. Hügle, Schmiedmeister in Wittenhofen, gehört zu den 30 Parteigenossen aus dem Gau Baden, die bei der Auslese von Dr. Ley in Karlsruhe die Voraussetzungen dafür erfüllten, in einer Ordensburg der NSDAP. als politische Führer ausgebildet zu werden. Wir wissen, daß Pg. Hügle, der jetzt 25 Jahre alt ist, arbeitsreiche Jahre bevorstehen und wissen aber ebenso, daß ihm bei Bewährung der Erfolg sicher ist. Wir freuen uns mit unseren Kameraden der ihm zuteil gewordenen Auszeichnung

Zeitungsnachruf (vermutlich aus der Bodensee-Rundschau) vom 6. April 1936 aus dem Familienarchiv von Kristin Müller-Hausser.

Lisa Elmenhorst.

Die Mutter: Lisa Elmenhorst (1884–1952)

Verheiratet war Max Elmenhorst seit 2. Juni 1909 mit Elisabeth Scherz (* 17.3.1884 in Berlin – † 29.6.1952 in Kiel), der Tochter des Fotografen Carl Scherz (* 28.2.1854 in Blandikow – † 7.7.1935)[30] und seiner Frau Agnes Scherz, geborene Siegmann (* 15.11.1860 in Osnabrück – † 13.3.1918 in Altenhof).[31] Nach dem Umzug nach Überlingen führte die Nähe zum 1920 gegründeten Internat Schule Schloss Salem dazu, dass alle fünf Kinder Salem besuchten:[32]

Kurt Wolfram Elmenhorst (* 6.4.1910 in Kiel – † 24.10.2000 in Guatemala-Stadt) besuchte Salem ab Ostern 1923. Sein Abitur bestand er am 28. März 1928.

Die Salem-Daten von **Irmgard Elmenhorst** (* 30.3.1912 in Kiel – † 3.2.2010 in Überlingen) sind nicht überliefert. Sie machte ab Ostern 1934 in Stuttgart eine Ausbildung zur Säuglings-Schwester. Am 4. Juni 1938 heiratete sie den Architekten Dietrich Müller-Haußer (* 26.6.1911 in Posen – † 23.10.2010 in Überlingen)[33] auf Schloss Hohenfels.

Hinrich Elmenhorst (* 23.10.1915 in Kiel – † 3.8.1940 in der Nordsee) besuchte den Hermannsberg ab dem 18. Mai 1928, den Spetzgart ab dem 1. Mai 1929 und Salem ab dem 12. September 1933. Sein Abitur bestand er am 20. März 1935.[34]

Karin Elmenhorst (* 17.12.1917 in Kiel – † 30.8.2002 in Bloemendaal) besuchte zunächst die Realschule Überlingen und von 1931 bis 1936

---

[30] Die Firma C. Scherz mit Sitz in Groß-Lichterfelde mit Carl Scherz als Inhaber wurde am 15. November 1899 in das Firmenregister am Amtsgericht Berlin eingetragen. Siehe in: Berliner Börsen-Zeitung vom 24. November 1899.

[31] Ein Bruder von Elisabeth Scherz war der Maler und Architekt Prof. Bruno Ernst Scherz (* 12.12.1889 in Lichterfelde – † im Herbst 1955 in Berlin), der ab 1921 als Professor an den Vereinigten Staatsschulen für freie und angewandte Kunst wirkte.

[32] Hilser, Stefan: Beispielhafter Umgang mit Eigentum, in: Südkurier vom 2. Dezember 2012.

[33] Dietrich Müller-Haußer war der Sohn von Kurt Müller (1875–1914) und Helene Weisbach (1890–1946). Nachdem sein Vater gefallen war, heiratete seine Mutter am 3. März 1918 den Korvettenkapitän Friedrich Haußer (* 17.6.1882 in Brandenburg – † 19.2.1948 in Braunschweig). Friedrich Haußer war später Oberst der Luftwaffe. Dietrich Müller-Hausser lebte in Überlingen, sein bekanntestes Gebäude ist der unter Denkmalschutz stehende dortige Kursaal. Siehe in: Hilser: Beispielhafter Umgang mit Eigentum, a. a. O.

[34] Siehe im Beitrag „Der Bruder: Hinrich Elmenhorst (1915–1940)“.

Salem. Sie machte in München eine Ausbildung zur Schauspielerin. Ende 1940 war sie am Staatsschauspiel Memmingen angestellt. Später war sie Theaterschauspielerin unter anderem in Konstanz und Klagenfurt. Am 3. August 1943 heiratete sie in Überlingen den Kaufmann Adrian de Clerq (* 1.2.1914 in Harlem – † 17.5.1996 in Aardenhout).

Gernot Elmenhorst (* 19.6.1925 in Freiburg – † 31.7.2009 in Überlingen)[35] besuchte Salem vom 6. Mai 1935 bis zum Abitur 1943.

Durch verwandtschaftliche, freundschaftliche und gesellschaftliche Kontakte gingen in der „Villa Elmenhorst" in der Gällerstraße stets viele Menschen ein und aus. Durch ihre und ihrer Kinder Kontakte nach Salem wurde es gar zu einem „Salemer Gästehaus". Zum einen empfingen Elmenhorsts dort Salemer Protagonisten wie Kurt Hahn, zum anderen gingen dort Schulkameraden der Kinder ein und aus, selbst Prinz Philip[36] war dort zu Gast. Durch die Vermietung von Gastzimmern vor allem an englischsprachige Schüler in den 1930er Jahren war es daneben eine internationale Begegnungsstätte. Lisa Elmenhorst pflegte einen derart umfangreichen Schriftverkehr mit Verwandten und Bekannten sowie mit ehemaligen Salemern, dass sie die Briefe nummerieren und katalogisieren musste: Allein zum Tod ihres Sohns Hinrich erhielt sie 200 Zuschriften.

„Wirkliche soziale Hilfe" – Mitgliedschaft in der NSDAP

Lisa Elmenhorst trat 1933 der NSDAP bei und 1937 der NS-Volkswohlfahrt (stellvertretende Blockleiterin). Daneben war sie Mitglied im Verein für das Deutschtum im Ausland und im Reichskolonialbund. Nach dem Tod ihres Mannes lebte sie von Pensionszahlungen sowie von Zinsen und Aktien. Ihre Einkünfte schwankten in den Jahren 1936 bis 1944 zwischen 4.400 und 5.700 Reichsmark. Im Zusammenhang mit der politischen Säuberung nach Kriegsende wurde Anfang 1947 zunächst ihre Pension für die Dauer von 5 Jahren gekürzt.[37] In ihrem Spruchkammerverfahren nahm sie am 10. November 1948 im Rahmen eines Schreibens an das Staatsekretariat für politische Säuberung in Freiburg zu ihrem Beitritt in die NSDAP Stellung:

---

[35] Biographische Angaben und Literaturhinweise siehe im Anhang „Kurzbiographien".

[36] Hilser: Beispielhafter Umgang mit Eigentum, a. a. O.

[37] Beilage III zum Amtsblatt der Landesverwaltung Baden – Französisches Besatzungsgebiet – Nr. 10 vom 19. März 1947, S. 448.

„Man sollte bei der Feststellung einer Schuld doch bedenken, aus welchen Gründen der od. die Betreffende der Partei beigetreten ist. Ich kann es beschwören, dass ich es aus rein sozialistischen Erwägungen heraus tat. Hier waren 1932 immer Arbeitslose und Bittsteller an unserer Türe.[38] Ich habe oft bis 17 Menschen beköstigt und weiter geholfen und hoffte aus dem Systemwechsel wirkliche soziale Hilfe. Auf das Nationale legte ich nicht solchen Wert. Ich trat dann der Partei bei und hoffte durch persönlichen Einsatz mithelfen zu können. Leider bin ich bald enttäuscht worden, und habe wegen meines Eintritts für den jüdischen Leiter der Schule Salem zwei Mal vor einem Uschlagericht[39] gestanden. Mir wurde strengste Strafe angedroht, falls ich nochmals Partei ergreifen würde. Mein Mann der nicht mit meinem Beitritt zur Partei einverstanden war starb 1936 und ich stand allein mit noch 3 unversorgten und dabei einem kranken Kinde. Herr Öchsle,[40] der irgend eine Funktion in der Partei hatte, hat mich dann noch mehrere Male verwarnt, und ich galt in der Partei als ‚politischverdächtig' was mich nicht störte, weil ich mich nicht mehr um etwas kümmerte was die Partei anging. Als 1943 ein uns sehr nahestehender Vetter meines verst. Mannes durch die Gestapo in Havelberg hingerichtet wurde, der in seiner Verteidigung sich immer auf das freie und englischer Auffassung zu neigende Leben in unserem Hause berief, wurde meine Post untersucht, was ich mehrmals feststellen konnte. Ausserdem nahm man mir meine mehrjährige Stütze, gerade in einer Zeit (44) wo ich selbst eine Krebsoperation durchgemacht hatte, und meine Kinder hier kurz hintereinander ihre Babys bekamen, da sie mit ihren Familien hier wohnten. Ich will das nur erwähnen, damit man ersieht, dass ich

---

[38] Die soziale Einstellung bestätigen auch die Briefe von Kurt Wolfram Elmenhorst, der seiner Mutter bsp. in einem Brief vom 14. Januar 1936 riet kürzer zu treten: „Dein ganzes Leben hast Du Dich nun erst für deine Kinder aufgeopfert. Nun ist es endlich soweit, dass Du die Hände etwas in den Schoss legen kannst, um Dich von aller Arbeit auszuruhen – aber nein, Du nimmst paying guests, adoptiertst alle möglichen Kinder und nimmst Verwandte ins Haus, die sonst kein Mensch haben will." Laut ihrer Nichte Kristin Müller-Hausser habe Lisa Elmenhorst eine Art Tafel für Arme in ihrem Haus organisiert. Siehe in: Hilser: Beispielhafter Umgang mit Eigentum, a. a. O.

[39] Der Untersuchungs- und Schlichtungsausschuss (USchlA) diente in der NSDAP zur Prüfung von Aufnahme- und Ausschlussverfahren und zur Schlichtung innerparteilicher Streitigkeiten.

[40] Biographische Angaben und Literaturhinweise siehe im Anhang „Kurzbiographien".

keinerlei Vorteile aus meiner Parteizugehörigkeit hatte, sondern im Gegenteil Nachteile. Vorgeworfen wurde mir auch die Englandfreundlichkeit, da hier von 1932 an Jahr (*im Original so unklar formuliert, d. Verf.*) für viele junge und ältere Engländer Monate lang hier weilten.[41] Der Verdienst ging mir durch den Krieg auch verloren.

Dass ich freiwillig zu der Partei gegangen bin, und alles Gute von ihr erwartete, kann man mir nicht als Schuld anrechnen. Das haben andere Menschen auch getan! Ich war nur – auch aus gutem Glauben für die gute Sache – vertretungsweise Blockwartin für die N.S.V. und habe Pfundspenden gesammelt."

„Moralischer Mut" – Entlastung durch Kurt Hahn

Fürsprache erhielt Lisa Elmenhorst durch Salems ehemaligen Leiter Kurt Hahn,[42] der früher ein gern gesehener Gast im Haus Elmenhorst war und der ihr ein Schreiben aus Gordonstoun sandte, welches sie ihrem Schreiben an das Staatssekretariat beilegte:

„Ich habe Frau Elmenhorst seit dem Jahre 1933 nicht mehr gesehen es ist mir aber ein Bedürfnis, Zeugnis abzulegen für den ausserordentlichen moralischen Mut, den sie im Jahre 1933 bewiesen hat. Ich wurde am 8. März[43] verhaftet aufgrund meiner Stellungnahme gegen Hitler, vor allem im August 1932, als ich die Alt-Salemer aufforderte, aus der SA und SS auszutreten, wenn sie Salem die Treue halten wollten. Frau Elmenhorst missbilligte diesen Schritt, denn sie glaubte damals an den guten Willen der nationalsozialistischen Führung und rechnete bestimmt darauf, dass die verbrecherischen Elemente abgestossen würden. Solche kindliche Leichtgläubigkeit war damals so verbreitet, und zwar auch bei anständigen Menschen, dass man fast von einer Seuche reden konnte. Vielfach war die Seuche allerdings von Feigheit begleitet. Das Gegenteil war bei Frau Elmenhorst der Fall.

---

[41] Das Gästebuch der Familie Elmenhorst enthält zwischen Juli 1932 und August 1939 über 40 Einträge von englischen Hausgästen der Elmenhorsts.

[42] Biographische Angaben und Literaturhinweise siehe im Anhang „Kurzbiographien".

[43] Kurt Hahn nennt hier aus der Erinnerung heraus falsche Daten, die Verhaftung erfolgte am 11. März 1933.

Am 9. März erschien sie im Überlinger Gefängnis und brachte mir Blumen. Ich werde ihr immer dankbar dafür sein, dass sie hiermit öffentlich ihr Vertrauen zu Salem kundtat, während manche Eltern, die der Nazibewegung nicht angehörten, mit weit grösserer Vorsicht operierten. Ich habe Frau Elmenhorst auch noch für einen anderen Dienst zu danken. Sie hatte durch ihre Beziehungen erfahren, dass bestimmte Gruppen unter den Bodensee-Nazis meine Tötung beabsichtigten, und zwar wenn möglich, solange ich noch in Haft war. Es war wesentlich auf ihre Mitteilungen zurückzuführen, dass die beiden Haftorte Gefängnis und Krankenhaus während der fünf Tage meiner Gefangenschaft Tag und Nacht von meinen englischen Amtsgenossen bewacht wurden.

Ich erwähne das alles so ausführlich, um darzutun, dass Frau Elmenhorst ein guter, tapferer und charakterfester Mensch ist.

Ich persönlich vertrete die Ansicht, dass man die Verblendung vieler ‚frühen' Nazis nicht auf ihren schlechten Charakter zurückführen sollte, sondern auf die politische Ahnungslosigkeit des gesamten deutschen Volkes, die allerdings eine gewaltige historische Schuld darstellt. War aber einmal ein Mann oder eine Frau von der Nazipartei gefangen, dann gehörte Heldenmut dazu, um sich zu lösen, nachdem die Ernüchterung eingetreten war. Solches Heldentum kann man bewundern, wo immer es sich zeigte. Ich persönlich habe mich nie entschliessen können, es zu fordern. Ich hätte auch kein Recht dazu. Mein Zusammenprall mit Hitler erfolgte zu einer Zeit, wo Persönlichkeiten, die einen gewissen Ruf hatten, besonders auch im Ausland, sich noch eines wirksamen Schutzes erfreuten, ausgeübt von Trägern der früheren Staatsgewalt, die von Hitler übernommen waren und auf die er bis zum 30. Juni 1934 noch Rücksicht zu nehmen entschlossen war. Ich hatte noch keine Folterung zu fürchten.

Ich möchte noch ein letztes sagen: Wenn man heute Frau Elmenhorst fragte, wie sie zum Militarismus, Nationalsozialismus und Fascismus stünde so würde man eine grundehrliche Antwort erhalten."

Die Schreiben von Lisa Elmenhorst und Kurt Hahn hatten ihre Wirkung: Am 19. November 1948 wurde Lisa Elmenhorst als „Mitläuferin" eingruppiert, Sühnemaßnahmen wurden keine ausgesprochen.[44] Dass Lisa Elmenhorst in ihrem Verfahren vermutlich keine unwahren Angaben machte, zeigt ein Brief von Kurt Wolfram Elmenhorst an seine Mutter vom 23. April 1933:

> „Dass Du ihn (*Kurt Hahn, d. Verf.*) im Gefängnis besucht hast ist ja verdammt anständig von Dir. Dass dieser widerwärtige Dieb Oexle sich erfrechte Dir deswegen Vorhaltungen zu machen wird ja erstens keine Folgen haben, mich hat es nur geärgert, dass ich nicht da war um dem Kerl auf die Bude zu rücken. [...] Parteiausschluss kommt so leicht nicht vor, Du kannst immer noch ein Uschla-Verfahren gegen den Kerl der Deinen Ausschluss betreibt einleiten."

Es schien tatsächlich zu einem Verfahren gekommen zu sein, denn am 7. Mai 1933 bedankte sich Elmenhorst bei seinen Eltern für die Nachricht, dass Hanns Ludin,[45] der Führer der SA-Gruppe Südwest, bei ihnen zu Besuch war und seiner Mutter gegen Oexle geholfen hatte: „Natürlich typische Protektionswirtschaft, jemand anders wäre sicherlich geflogen", so Kurt Wolfram Elmenhorst.

---

[44] Spruchkammerakten Lisa Elmenhorst siehe in StAF D 180/2 Nr. 1348546. Siehe auch: Zirlewagen, Marc: Blumen für Kurt Hahn: Lisa Elmenhorst, in: Mitteilungen der Altsalemer Vereinigung, 70. Jg., Nr. 1 vom April 2023, S. 62-66

[45] Biographische Angaben und Literaturhinweise siehe im Anhang „Kurzbiographien".

Die Villa Elmenhorst in Überlingen um 1925.

Die Elmenhorst-Kinder 1932 (von links): Irmgard, Karin (hinten), Hinrich, Gernot und Kurt Wolfram.

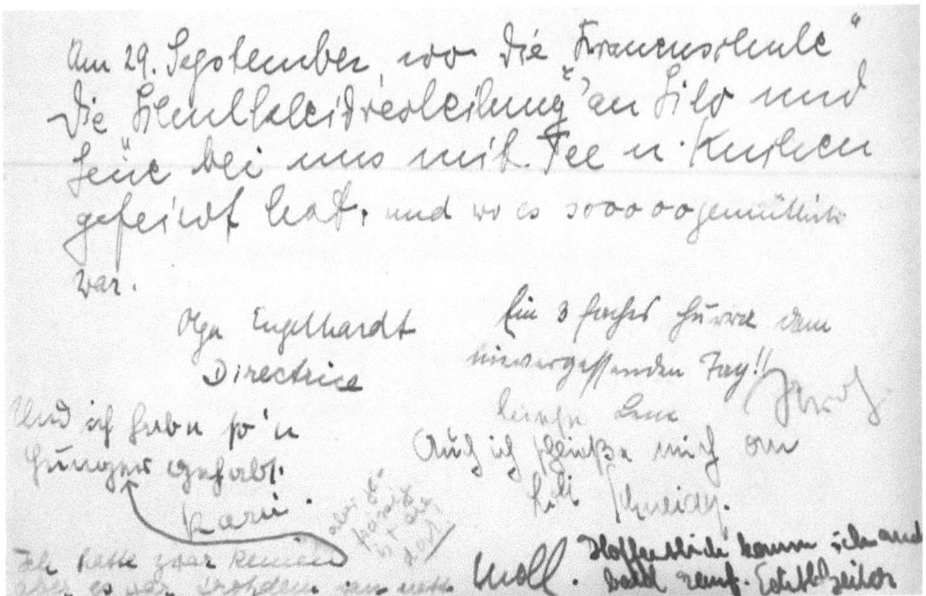

Eintrag im Gästebuch der „Villa Elmenhorst“: Besuch von der Frauenschule Spetzgart am 29. September 1934.

Sportunterricht bei Olympia-Trainer Georg Brechenmacher (1896–1944) in Salem (von links): Moll Schraube, N. N. (verdeckt), Marga Thürmer, Karin Elmenhorst, Ortrud Wurmbach und Ursel. (KHA SK 112)

Der Bruder: Hinrich Elmenhorst (1915–1940)

Hinrich Elmenhorst neben Kapitänleutnant Hans Oscar Wutsdorff auf der *Schwaben* auf dem Bodensee. (KHA F 645 Nautik)

Salemer Schulzeit

Hinrich Elmenhorst (* 23.10.1915 in Kiel – † 3.8.1940 in der Nordsee) trat am 15. Mai 1928 in die Sexta auf der Salemer Zweigschule Hermannsberg ein. Von dort trat er zum 1. Mai 1929 zur Zweigschule Spetzgart über. Dort wurde ihm 1930 Fleiß und Hilfsbereitschaft attestiert. Allerdings gab ein Bericht zu bedenken: „Er muss auf der Hut sein, dass sein Ehrgeiz ihn nicht zu einem schlechten Kameraden macht.“[46] Als Bootswart bewies er Organisationstalent[47] und 1931 wurde er Anwärter auf die Farben der Schule.[48] Ende 1931 hielt ein Bericht fest: „Hinrich verdiente sich viele

[46] Bericht über Hinrich Elmenhorst vom 3. April 1930, siehe in: GLA, 69 Baden, Salem, 13 Nr. 126.
[47] Bericht über Hinrich Elmenhorst vom 9. Juli 1930, siehe in: ebenda.
[48] Bericht über Hinrich Elmenhorst vom 24. März 1931, siehe in: ebenda.

Erfolge, ist aber in der Niederlage kleinlich und rechthaberisch." Mit Geschick, Umsicht und Können bestand er die praktische Bootsprüfung.[49] Kurz darauf wurde ihm Umsicht und Tüchtigkeit in seinem Amt als Bootsmann bescheinigt.[50] Trotz seiner praktischen Fähigkeiten stand sich Hinrich Elmenhorst selbst im Weg: „Er hat es nicht verstanden, seine Stellung im Internat zu festigen, weil er immer noch dazu neigt, die Schuld für seine Misserfolge bei anderen Menschen zu suchen." Ohne diesen Wesenszug hätte er längst eine führende Stellung im Internat gehabt.[51] Am 12. September 1933 trat er nach Salem über, blieb jedoch Führer der Spetzgarter HJ, bis er Ende 1933 in die SA kam. Mitte 1934 hielt ein Bericht fest: Hinrich hat sich in diesem Semester wieder aktiv am Internatsleben beteiligt. Als Wassersport-Kapitän war er der rechte Mann am rechten Platz." Auch seine charakterliche und geistige Entwicklung schritt voran: „Er macht einen gereifteren und männlicheren Eindruck."[52] Ein halbes Jahr später spricht ein Bericht jedoch von einer inneren Entfernung Elmenhorsts von Salem. Anlass war möglicherweise eine Begebenheit im Anschluss an die Bodenseewoche im August 1934. Elmenhorst führte ein Salemer Boot in schlechtem Zustand in den Hafen zurück und machte hierüber nicht selbst Meldung, was ihm angekreidet wurde: „Das Erlebnis einer Enttäuschung führte ihn zunächst in einen Zustand der Gleichgültigkeit über [...]; als Reaktion allenfalls noch verständlich. Immer mehr lebte sich Hinrich aber in die Rolle des aufklärerischen vielleicht auch zynischen Skeptikers hinein, was während der Krise Salems für die Gemeinschaft nicht ganz unbedenklich war." Dennoch wahrte er die Disziplin und die Salemer Gesetze.[53] Die Schule verließ er am 20. März 1935 mit dem Abitur. Sein Nachruf hält fest, dass diese Zeit von „Beweisen seiner unbändigen Lebenskraft" erfüllt war: „Tollkühne Unternehmungen, sei es auf dem Wasser oder mit den Brettern Steilhänge hinunter: das ‚Gefährlichleben' war sein Element." Kapitänleutnant Richard Schraube aus dem Spetzgarter Kollegium berichtete,[54] dass sich Hinrich Elmenhorst auf dem Bodensee

[49] Bericht über Hinrich Elmenhorst vom 2. Dezember 1931, siehe in: ebenda.

[50] Bericht über Hinrich Elmenhorst vom 5. April 1932, siehe in: ebenda.

[51] Bericht über Hinrich Elmenhorst vom 13. Dezember 1932, siehe in: ebenda.

[52] Bericht über Hinrich Elmenhorst vom 20. Juli 1934, siehe in: ebenda.

[53] Bericht über Hinrich Elmenhorst vom 16. Dezember 1934, siehe in: ebenda.

[54] Schraube, Richard: Oberleutnant zur See Hinrich Elmenhorst – Einem tapferen Helden unserer Heimat zum Gedächtnis, in: Bodensee-Rundschau im April 1940. Archiviert in: GLA, 69 Baden, Salem, 13 Nr. 126.

als „ganzer Kerl“ gegen „tobende West- und Gewitterstürme und fauchende Böen“ eingesetzt hatte, „wenn schwere Brecher auf das Vorschiff klatschten und Segel aus den Lieken flogen“. Obwohl er damals erst 15 bis 16 Jahre alt war, habe er immer gewusst, „wenn es ums Ganze ging“.

Briefpartnerschaften nach der „Machtergreifung“

Für 1933/34 liegen Briefe vor, welche Hinrich Elmenhorst insbesondere von Salemer Schulkameraden erhielt, die ihre Salemer Schulzeit bereits abgeschlossen hatten und ihm von ihrem Leben berichteten.[55] Als ehemalige Mitglieder des informellen „Muskel-Brüder-Clubs“ – diesem gehörten unter anderem Hinrich Elmenhorst, Rudolf Hagemann, Wolfgang Jaques, Jörg Jensen und Walter Karreth[56] an – hatten sie sich einen Zusammenhalt im späteren Leben gelobt. Die nun in der Ausbildung oder im Militärdienst stehenden Ehemaligen hatten viele Fragen an Elmenhorst, der ihnen von Leben auf dem Spetzgart berichten sollte. Leider sind die Antwortbriefe von Elmenhorst nicht erhalten, doch zeigen die Briefe, in welchem geistigen Umfeld er sich auf dem Spetzgart bewegt hatte.

Friedrich Stallforth[57] war 1933 das einzige SS-Mitglied auf dem Spetzgart. Im Anschluss an sein Abitur diente er beim SS-Sturmbann III in München. Er bezeichnete sich dort als „Soldat“. Neben seinem normalen Dienst schob er alle paar Wochen Wache: zunächst im Innenministerium und ab 29. Juli 1933 im Polizeipräsidium. Dort war er mit „eigenem Drillich, Mantel, Brotbeutel, Tornister und Karabiner und eigenem Seitengewehr“ versehen. Seine Tätigkeiten im Polizeipräsidium beschrieb er wie folgt: „Sträflinge abführen, exerzieren, rauchen, dösen, schlafen“. Er schrieb Elmenhorst am 3. Juni 1933, dass er sich gerne die (im Mai 1933) „so schnell entstandene H. J. Gruppe“ näher betrachtet hätte. Außerdem hatte er Gerüchte gehört, dass die Schule vor dem Hintergrund einer möglichen „Gleichschaltung“ durch die Nationalsozialisten „auffliegen“ solle. Er fragte wie sich die Schülerschaft entwickelt hatte: „Sind viel Neue

---

[55] Die an ihren Onkel Hinrich Elmenhorst gerichteten Briefe stellte Kristin Müller-Hausser Mitte 2022 dem Kurt-Hahn-Archiv zur Verfügung.

[56] Walter Karreth (* 23.1.1913 in München – † 22.5.1991 in Garmisch-Partenkirchen) besuchte Spetzgart 1930–1933. Er wurde Apotheker und Diplomchemiker. Nach dem Tod seines Vaters August (1880–1943) übernahm er zusammen mit seinem Bruder Rudolf Karreth (1910–1991) die Leitung des Luitpold-Werks in München. Siehe in: Friedrich, Christoph: Pharmazie in München, Marburg 2017.

[57] Biographische Angaben und Literaturhinweise siehe im Anhang „Kurzbiographien“.

gekommen? Juden? Mädchen?“ Er fand es anscheinend witzig, einen Brief vom 15. August 1933 auf Briefpapier des Central-Vereins Deutscher Staatsbürger Jüdischen Glaubens zu verfassen, an das er wohl im Rahmen seines Diensts gelangt war. Einige Monate später war er zum SS-Rottenführer befördert worden. Im Anschluss durfte er eine Abteilung von zehn SS-Männern übernehmen und im Hof der SS-Kaserne „rumkommandieren“. „Ich war stolz“, bekannte er, „denn das ist der schönste Moment im Leben eines Soldaten, wenn er das erstemal eine Abteilung führen darf.“ Im Dezember 1933 besuchte er Salem. Dort „entweihte“ er nach eigener Aussage das „Salemer Nationalheiligtum“: das Arbeitszimmer von Kurt Hahn. Für dieses gab er Elmenhorst eine Anregung: „Warum macht ihr nicht ein Museum aus Hahns Zimmer? Weißt Du so mit Eintrittsgeldern und Gedenktafel: Hier wohnte der große usw.“ Am 20. April 1934 „an des Führers Geburtstag“ wurde Stallforth zum SS-Scharführer befördert.

Den Weg in die „Bewegung“ fand auch **Hans-Heinrich von Stryk** (1913–2000): Er berichtete Hinrich Elmenhorst im Frühjahr 1933, dass er nach seinem Abgang von Salem zunächst einen mehrwöchigen Wehrsportkurs in Döberitz besucht hatte. Anschließend trat er in Berlin in den SA-Sturm 33/2 „Kütemeyer“ ein: „Der Dienst ist recht anständig nur geht mir das ewige Saufen (nach jedem Dienst bis 3 Uhr morgens) allmählich auf die Nerven!“ Er hoffte dank seiner Beziehungen in die Reichswehr eintreten zu können, besaß jedoch als geborener Balte noch keinen deutschen Pass. Seine Einbürgerung war vom Polizeipräsidium abgelehnt worden: „Da sitzen noch die alten Bürokraten!“

Hans Jung (Salem-Abitur 1933) berichtete Elmenhorst am 4. April 1934 von einem Aufmarsch auf der Oktoberwiese, auf dem er Hans Bembé (Salem-Abiturient 1932) getroffen hatte. Beide beteiligten sich nicht „aktiv“ an der „großen Sache“: „Gott sei Dank, denn alles, was in den Zeitungen von der ‚Begeisterung der Massen‘ geschrieben steht, ist nicht wahr. Alle Leute, die teilnahmen wurden nämlich dazu gezwungen; damit ihnen die Leute dann nicht von der Festwiese wegliefen, wurde ein Ring von S.A. Leuten um diesen herum postiert, die zwar alle Leute hinein, aber keinen Menschen mehr heraus ließen. Du kannst Dir vorstellen, wie diese Leute geflucht haben, was bei dieser Hitze ja kein Wunder war.“ Auch er wollte von Elmenhorst Neues aus Salem hören: „Wie funktioniert denn Salem mit dem neuen System? Wie denken die hohen Herren darüber?“ Seine Neugier begründete er wie folgt: „Wann man so von Salem weg ist, interessiert man sich über manche Dinge viel mehr als in Salem.“ Kurz darauf diente er in einem Arbeitslager, ab 1935 studierte er in München Medizin.

Auf dem Bodensee im Sommer 1932 (von links): Rudi Hagemann, Richard Langensiepen, Hans Oscar Wutsdorff, Lutz Haas-Görtz, Fritz Pollmann und Hinrich Elmenhorst. (KHA SK 112)

Sportwettkampf am 16. Juli 1934 anlässlich der 800-Jahr-Feier Salems (von links): Rüdiger v. Oheimb, Wolfgang Karlinger, Hellmut Krause, Hinrich Elmenhorst, Herr Rohrer und Horst Hammer. (KHA SK 112)

Jörg Jensen[58] berichtete Elmenhorst am 12. April 1934 von der Public Schools' Challenge in London, bei der die Salemer Mannschaft den 2. Platz eingenommen hatte: „Das war eine ganz grosse Sache. Man kann überhaupt garnicht erst anfangen zu erzählen, weil man dann nicht wieder herauskommt." Immerhin so viel berichtete er: „Nach den beiden Kampftagen waren wir noch sehr viel mit Hahn zusammen. Er ist doch ein ganz grosser Kerl. Noch genau so wie früher."

Die *Hein Godenwind* um 1933. (KHA F 660 Nautik)

Auch **Peter Lindemann** (Salem 1928–1934) berichtete Elmenhorst vom Sportfest: „Hahn haben wir auch getroffen, er war dauernd dabei und hat sich sehr gefreut, genau wie wir und ihn wiederzusehen."

Claus Günter Specht[59] berichtete Elmenhorst am 9. Juli 1933 von den großen Schwierigkeiten seines Vaters durch die neue Regierung. Der Psychiater Wilhelm Specht (1874–1945) hatte laut seinem Sohn die Beurlaubung zu befürchten, „nicht aus politischen Gründen (mein Vater war ja

[58] Die Briefe deuten seine Beziehung zu Elisabeth Noelle (1916–2010) an. Biographische Angaben und Literaturhinweise zu Jörg Jensen siehe im Anhang „Kurzbiographien".
[59] Claus Günter Specht (* 25.4.1913) gründete später einen Verlag in Mittelberg im Kleinwalsertal.

immer national eingestellt, wenn auch nicht nationalsozialistisch), sondern weil infolge des ganz neuen Strafvollzuges man für Psychologie nicht mehr viel übrig hat." Am 31. Juli 1933 informierte er Elmenhorst darüber, dass er den Spetzgart-Schüler Felix von Stetten in München getroffen hatte: „Ein richtiger Bauer im wahrsten Sinne des Wortes. Dumm und unerzogen und seinem Verstand nach ein richtiger Schüler der Schule Salem. [...] Ihr könnt dem Herrgott danken, dass die Salemer Angelegenheit so geregelt worden ist, ihr wärt an einer Staatspenne alle untendurch gewesen. Ich habe mich hier mit mehreren meiner alten Lehrer besprochen, weil ich doch eventuell das Abs nachmachen wollte. Mit den Salemer Schulkenntnissen ist das aber ausgeschlossen, ich müsste ungefähr alle Klassen nochmal wiederholen. Darauf habe ich natürlich verzichtet." Der Lehrling im Albert Langen Georg Müller Verlag in München kam in einem Brief vom 4. Dezember 1933 auch auf die das Flirtverhalten von Hinrich Elmenhorst zu sprechen, der zwischen „Hille" Benser[60] und „Linde"[61] stand: „Wie kann man sich nur diese Benser heraussuchen, dieses schnuttliche Frauenzimmer mit abgeknabberten Fingernägeln. Allein das hat mich von ihr so abgestossen [...] Die Linde fand ich ebenso schrecklich, die ist mir ein zu sexueller Typ." Bei dieser Gelegenheit kam er auch Friedrich Stallforth zu sprechen: „Der Mensch kommt mir in Bezug auf die Art seiner Sexualität übrigens nicht ganz propper vor, ich vermute, er ist wie soviele SA und SS-Leute sind, was sich ja bei so grossen Männervereinen nicht vermeiden lässt. Natürlich ist das meine ganz persönliche Ansicht, in der ich mich auch täuschen kann."[62]

[60] Hildegard Benser (* 20.3.1918 in Aumund – † 2.2.1942 in Berlin), Tochter von Ingenieur Erich Benser (1875–1939) und Margarethe Benser, geborene Bruhn (1881–1946), war eine Cousine von Georgia van der Rohe (1914–2008). Sie starb an Endometriose. Verheiratet war sie mit dem Referenten im Auswärtigen Amt Gerrit Ulrich.

[61] Vermutlich Dietlinde v. Schaezler (1914–1988, Salem 1931–1934).

[62] Friedrich Stallforth war auf dem Spetzgart mit Regina Purrmann (1916–1997), der Tochter des Maler-Ehepaars Hans Purrmann (1880–1966) und Mathilde Purrmann-Vollmoeller (1876–1943), liiert. In einem „backfischhaften" Brief sagte sie sich 1934 von ihm wegen eines anderen los. Stallforth forderte Hinrich Elmenhorst dazu auf, herauszufinden, wer sein Rivale sei: „Bekanntlich merkt man erst, wenn man etwas verloren hat, wie wert es einem war. Und außerdem interessiert mich er. Deine Aufgabe ist es herauszubekommen wer der Mann ist. Ob SA oder SS Mann [...]. Ich habe nämlich durchaus nicht vor den Kampf aufzugeben. Im Gegenteil jetzt wird es erst interessant."

Peter von Wogau[63] erkundigte sich bei Elmenhorst im August 1933 über die Reformen in Spetzgart: „Die ganze Säuberung von Salem finde ich wirklich ausgezeichnet, trotzdem ich nicht mit allem einverstanden bin, was sonst noch alles geschah". Unter anderem bedauerte er es, dass der britisch-stämmige Lehrer Robert Chew Spetzgart verlassen hatte.

Robert Chew[64] hatte Deutschland vor dem Hintergrund des erstarkenden Nationalsozialismus im Juli 1933 verlassen. Zurückgelassen hatte er dabei sein auf dem Bodensee von der Schule genutztes Segelboot *Hein Godenwind*. Hinrich Elmenhorst kümmerte sich in der Folge um das Boot, nachdem ihm Chew hierfür freie Hand gegeben hatte. Doch bereits im September 1933 kehrte Chew nach Deutschland zurück – am 27. September trug er sich in das Gästebuch der Familie Elmenhorst in Überlingen ein –[65] und verkaufte das Schiff, womit Elmenhorsts Möglichkeiten für Segeltörns unter eigener Regie endeten.

Reichwehr oder Marine?

Zur Zeit dieser Briefe machte sich Kurt Wolfram Elmenhorst in Guatemala Gedanken um seinen Bruder Hinrich. In einem Brief vom 1. Oktober 1933 fragte er ihn: „Was machst Du nun später? Hast Du Dich für Marine oder Reichswehr entschieden? Aber strenge Dich mal ordentlich in der Schule an, denn ohne gutes Zeugnis ist es nichts, gar nichts. [...] Amüsieren kann man sich eventuell später [...]. Das Leben ist eine verflucht ernste Sache und wenn man sich nicht den ganzen Tag anstrengt dann wird man abgehängt und bleibt liegen. Andererseits kann es sehr nett werden." Er wusste um seines Bruders Präferenz zur Marine zu gehen und bestärkte ihn darin, ein „anständiges" Abitur zu machen, da dies seine Chancen erhöhen würde: „Da kannst du soviel segeln wie Du willst." Um sein Ziel zu erreichen rief er ihn dazu auf, sich Beziehungen zu schaffen: „Du kannst gar nicht wissen, wie man die Leute später gebrauchen kann, und früher hatten wir jedenfalls in Salem immer eine Reihe von Leuten deren Bekanntschaft einem später nützlich sein könnte." Während ihr Vater als Sohn einer „unerhört reichen" Mutter um seine Anfangschance nicht hätte kämpfen

[63] Peter von Wogau (* 1.2.1916 in Freiburg – † 25.11.1942 in Hamburg), der Sohn eines Gutsbesitzers, starb als Matrose der Schiffs-Stamm-Abteilung 4 an einer Lungen- und Rippenfellentzündung im Elisabeth-Krankenhaus Hamburg.

[64] Biographische Angaben und Literaturhinweise siehe im Anhang „Kurzbiographien".

[65] Ein weiterer Eintrag von Chew ist am 20. Oktober 1949 vorhanden.

müssen, seien er und Hinrich nichts als Offizierssöhne. Immerhin hätten sie durch ihre Erziehung und die Herkunft aus einer „erstklassigen Familie“ die Chance auf einen guten Start. Nur wenige Wochen später war Kurt Wolfram Elmenhorst zu Ohren gekommen, dass Hinrich über Hanns Ludin die Chance hätte zum 5. Artillerie-Regiment in Ulm zu kommen. Dies drohte durch Hinrichs Wunsch zur Marine zu kommen zu scheitern. Am 23. Oktober 1933 schrieb Kurt Wolfram Elmenhorst: „Dass Du zur Marine willst ist sehr anständig und tüchtig und entspricht im übrigen durchaus der Familientradition und dann bist Du durch dein ganzes Verhältnis zum Wassersport sicher besonders dazu geeignet.“ Allerdings beurteilte er die Zeugnisse seines Bruders als zu schlecht. Hier könne Protektion helfen. „Bei der Marine haben wir nun keinerlei Protektion mehr. [...] Pappi hat alle Fäden aus irgendwelchen Gründen abreisen lassen. [...] Wenn Du nun über Ludin bei dem 5.Art.Regiment in Ulm Chance hast, aufgenommen zu werden, dann solltest Du verdammt dankbar dafür sein. [...] Ich habe so ein Schwein nicht gehabt. [...] und wenn du erst mal Leutnant bist dann wirst Du überall für voll genommen und bist in jeder Hinsicht satisfaktionsfähig und bedeutend angesehener wie irgendwelche Generaldirektorssöhne oder verlotterte Landadelige. Reichswehr ist schon mal eine Elite der Deutschen Jugend und wenn jemand auch nur entfernt Chance hat hereinzukommen soll er sich alle Finger danach lecken.“ Die Sorge um das tägliche Brot wäre er dann los. Die Marine sah er im Kriegsfall ohnehin nur als Küstenschutz an. Dieser Ansicht folgte Hinrich Elmenhorst nicht: Er lehnte Ende 1933 die Protektion für die Artillerie ab und bewarb sich 1934 bei der Inspektion des Bildungswesens als Seeoffizier. Diese erbat im Juni 1934 eine Beurteilung Salems. Schulleiter Dr. Gustav Mittelstraß urteilte über Hinrich Elmenhorst:

> „Seine Neigung zur Marine und zur See ist nicht erst neueren Datums. In der Wahl seines Berufes folgt er einer Familientradition. [...] Hinrich [...] ist von früher Jugend an auf dem Wasser heimisch. Er war [...] einer der besten Bootsleute, stand wiederholt auf mehrtätigen Segel- und Kuttertouren auf verantwortungsvollem Posten und hat unsere grosse Yacht, die grösste des Bodensees, oft selbstständig gefahren. Er dürfte also für seinen Beruf als Seemann die besten Voraussetzungen mitbringen. Dabei ist Hinrich mutig und unerschrocken, geistesgegenwärtig und verantwortungsbewusst. Zur Zeit ist ihm unter der Oberleitung eines Erwachsenen der gesamte Wassersport der Schule

anvertraut. Vorgesetzten gegenüber ist Hinrich höflich und zuvorkommend. Im Dienst ist er rauh und vergreift sich gelegentlich im Ton. Dabei hat er aber ein gutes Gefühl für Kameradschaft und ist selbst ein guter und hilfsbereiter Kamerad. Seine Eltern sind ausgezeichnete Persönlichkeiten und erfreuen sich des besten Rufes."[66]

Kriegsdienst und Tod

Den Weg Hinrich Elmenhorsts nach seiner Salemer Zeit beschreibt ein Nachruf in den Salemer Heften: „Als seine Zeit gekommen war, folgte er dem Ruf in sich und ging, wie einst sein Vater, zur Kriegsmarine, ahnend, daß die große Zeit Deutschlands kommen werde." Zuvor erhielt er zunächst eine infanteristische Ausbildung in Stralsund und wurde schließlich Seekadett. Vom Oktober 1935 bis zum Frühjahr 1936 nahm er an einer Ausbildungsfahr auf dem Leichten Kreuzer *Emden* teil.[67] Im Juni 1936 wurde er Fähnrich. 1938 besuchte er die Marineschule und wurde Ende April 1938 Leutnant und Ausbildungsoffizier in Plön. Ab September 1938 war er Wachoffizier auf U 36, im Sommer 1939 wurde er Wachoffizier auf U 53. Im Herbst 1939 wurde er zum Oberleutnant befördert. Ausgezeichnet wurde er mit dem Eisernen Kreuz II. Klasse. 1940 nahm er an der Operation „Weserübung" teil und war zeitweise in Narvik stationiert. Sein Kommandant reichte ihn für das Eiserne Kreuz I. Klasse ein. Der Antrag wurde jedoch abschlägig beschieden, Elmenhorst hätte sich demnach zunächst an Land bewähren sollen. Abschließend hält sein Nachruf fest: „Bei Ausbruch des Krieges war Hinrich da, wo er hingehörte mit seinem kühnen Tatendrang... Er ist vielen englischen Schiffen begegnet, und wenn er weiter fuhr, dann lagen ein paar Briten mehr auf dem Meeresgrund. Vor ein paar Monaten noch schrieb er – nach siegreicher Fahrt – ‚der liebe Gott hat mal wieder den Daumen dazwischen gehalten.'"[68] Sein letztes Schiff, U

---

[66] Dr. Gustav Mittelstraß an die Inspektion des Bildungswesens der Marine vom 12. Juni 1934, siehe in: ebenda.

[67] Hinrich Elmenhorst berichtet darüber in *Alt-Salem – Korrespondenz des Salemer Bundes*, Nr, 13 vom Februar 1937, S. 3-6. Unter anderem landete die *Emden* auch in Guatemala. Von seinem dortigen Aufenthalt berichtete er: „Im nächsten Hafen, es war der guatemaltecische Ausfuhrhafen ‚San Jose', hatten wir eine Alt-Salemer Tagung. Es waren dort mein Bruder, der in diesem Land seine Zelte aufgeschlagen hat, sein Freund Goggy von Haniel, der anläßlich einer Weltreise in Guatemala hängen geblieben war, ferner die Seekadetten Elmenhorst und v Gulat." Eineinhalb Wochen wurden sie von Kurt Wolfram Elmenhorst bewirtet und durch Guatemala geführt. In Montreal traf Elmenhorst „einen ganzen Stall voller Verwandte".

[68] Salemer Hefte, Nr. 26 vom Januar 1941, S. 22-23.

25,[69] verscholl in der Nordsee nordöstlich von Terschelling. Nach dem Auslaufen aus Wilhelmshaven hatte es sich nicht mehr gemeldet, vermutlich lief es am 3. August 1940 im Minenwarngebiet auf eine britische Mine auf und sank mit 49 Seeleuten an Bord. Ein Mitglied der Besatzung wurde 18 Tage später bei Helgoland tot an Land gespült.

Der Leichte Kreuzer *Emden* 1935. (Bundesarchiv_DVM_10_Bild-23-63-05)

Trauer um Hinrich

Nach seiner Rückkehr von der Operation „Weserübung" traf sich Hinrich Elmenhorst im Juli 1940 mit seiner Mutter in Nikolassee, wo ihr Bruder ein Haus besaß. Es sollte das letzte Zusammentreffen werden. Lisa Elmenhorst berichtete ihrem Sohn Kurt Wolfram darüber in einem Brief vom

[69] U 25 wurde am 28. Juni 1935 in Bremen von der AG Weser auf Kiel gelegt und lief am 14. Februar 1936 vom Stapel. Am 6. April wurde es in Dienst gestellt. Letzter Kommandant war ab 20. Mai 1940 Kapitänleutnant Heinz Beduhn. U 25 versenkte auf fünf Feindfahrten acht Schiffe mit einer Gesamttonnage von 50.255 BRT: im Oktober/November 1939 versenkte U 25 den französischen Dampfer *Baoulé* mit 5.874 BRT, im Januar/Februar 1940 sechs Schiffe mit 27.335 BRT, im April/Mai 1940 nahm es an der Operation Weserübung teil und im Juni 1940 versenkte es den britischen Hilfskreuzer *Scotstoun* mit 17.046 BRT und beschädigte den später von deutschen Flugzeugen versenkten französischen Tanker *Brumaire* mit 7.638 BRT. Siehe in https://de.wikipedia.org/wiki/U_25_(Kriegsmarine) (abgerufen am 12. September 2022).

26. Juli: „Er war von Narvick gekommen und hatte viel erlebt. Diesmal kam er ohne den traditionellen Bart, viel ernster geworden, aber noch ein so verrücktes Huhn wie früher auch." Sie war froh, ihn wieder an Land zu wissen: „Ende des Monats beginnt dann die Warterei wieder für mich. Ich bin dann immer in großer Unruhe [...] und zu nichts fähig." Nur kurze Zeit später wurde U 25 vermisst. Die Nachricht, dass Hinrich gefallen war, erreichte seinen Bruder Kurt Wolfram erst am 7. Oktober 1940. Er hatte Hinrich zuletzt im Januar 1937 in Guatemala getroffen, als der Leichte Kreuzer *Emden* dort Halt gemacht hatte. Seiner Mutter teilte er mit: „Es ist für mich noch so ganz unfassbar, ich habe mich so darauf gefreut ihn wiederzusehen. Er war doch bei weitem der Beste von uns allen, so lebensfroh, alle mochten ihn gerne weil er ein so nettes Wesen hatte, und sportlich so tadellos, sicher auch ein guter Offizier, und er hätte es doch bestimmt weit gebracht. Es ist so schwer gerade in solchem Augenblick so weit weg sein zu müssen. [...] Es ist so schrecklich grausam vom Schicksal, jahrelang hast Du die Sorge gehabt mit allen Kindern, und im Moment wo er Dir zur Stütze wird [...], da muss er gerade nicht wiederkommen. [...] Es ist alles so fürchterlich. Hoffentlich hört es bald auf." Doch der Krieg ging weiter. Lisa Elmenhorst teilte ihrem Sohn Ende Oktober mit, dass sie sich manchmal fühlte, „als ob ich ganz tot innerlich bin". Daran änderten auch die 200 Zuschriften nicht, die sie nach Hinrichs Tod erhalten hatte: „Es war oft eine Qual sie zu lesen."

U 25. (Imperial War Museum, Collection No. 5003-04)

Hinrich Elmenhorst.

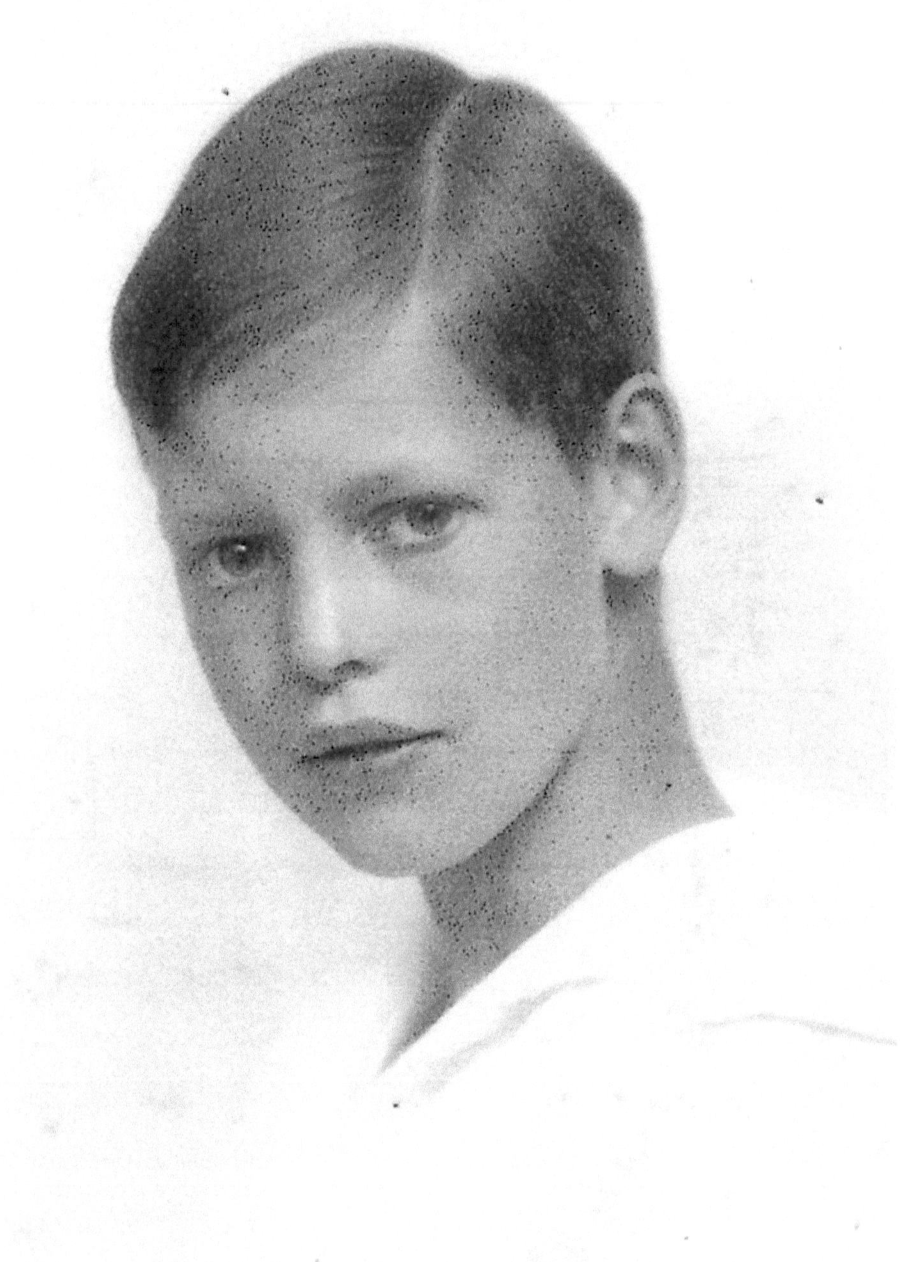

Kurt Wolfram Elmenhorst um 1920.

Haubinda, 20 Novemb[er]

Liebe l. Eltern!

Hier in Haubinda ist sehr viel passiert. Jetzt haben sehr viele Jungen Masern, Heute haben schon wieder 5 Masern bekommen. Hoffentlich bekomme ich sie nicht. Vielleicht bekommen wir auch früher Ferien. Aber du weißt, Gerüchte.

Wenn es doch wahr wäre! Wie gerne wäre ich zu Pappis Geburtstag wieder am Bodensee! Schicke mir bitte bald eine Karte oder einen Brief. Ich freue mich auf alles, was ich von euch bekomme. Macht ihr zu Advent einen Kranz? Wollen wir Sonnenwende feiern?

Neulich machten wir ein großes Kriegspiel. Ich will dir davon erzählen. Erst mache ich einen Plan und dann berichte ich.

Die beiden Lager waren Sparshügel und ein Berg mit Namen Kornberg (neben dem Bromkamp)

An jedem war eine Fahne. Sie wurde 15 Punkte gewertet. Immer 1 Feldwache, die die Verbindung zum Hauptlager herstellten. Aufhebung einer Feldwache galten 20 Punkte. Gefangene wurden gemacht, indem man sie einfach fesselte. Ein Gefangener 1 Punkt.

Wir fingen um 3 Uhr an. Sofort ging unsere Gruppe auf eine feindl. Feldwache los und hob sie auf. Dort wurde Dr. Andreesen gefangen. Als wir zurückkehrten, hörten wir, unser Lager sei genommen. Es war ein Gerücht. Wir kamen an und da standen 10 Leute gefesselt an den Bäumen. Wir streiften noch etwas umher, da kam Dr. Haase mit seinem Trupp und es gab eine wütende Schlacht. Alle wurden gefangen, auch Dr. Haase. Nachher kamen noch 6-7 Ungefangene der anderen Partei an.

So hatten wir gesiegt. Dich grüßt Dein

Kurt Wolfram

Brief von Kurt Wolfram Elmenhorst an seine Eltern vom 20. November 1922. Er berichtet darin über ein Kriegsspiel in Haubinda.

Kurt Wolfram Elmenhorst (Mitte hinten) in Salem. (KHA SK 110 Nr. 12)

Kurt Wolfram Elmenhorst / Carlos W. Elmenhorst (1910–2000)

Schulzeit in Salem

Auf Haubinda 1922/23

Über die ersten Jahre von Kurt Wolfram Elmenhorst ist nichts bekannt. Seine Person wird erst durch die Briefe greifbar, die er an seine Eltern schickte. Die überlieferten Briefe setzen mit seinem Besuch von Haubinda ein: Ab Ostern 1922 war er Schüler des von Hermann Lietz 1901 gegründeten reformpädagogischen Landerziehungsheims Haubinda in Thüringen. „Mir geht es hier in Haubinda sehr gut", berichtete er seinen Eltern am 9. Mai 1922. „Ich bin zufrieden und die Schule ist garnicht schwer." Mit zu seinem positiven Bild trug ein Späher-Kriegsspiel im Gelände bei, das kurz vorher unter den Schülern stattgefunden hatte und von dem er detailliert berichtet: Rennend und ringend galt es einen Zettel zu sichern, den man erhalten hatte. Wie wichtig ihm das Spiel im Verhältnis zu einer möglichen realen Gefahr war, zeigt eine „Brandprobe", die er mit zwei Sätzen wesentlich kürzer abhandelt: „Alle gingen (nach dem Alarmläuten, d. Verf.) raus zum Spritzenhaus. Spritzenwagen raus und zu unserem Haus, das gelöscht wurde." Auf die Sommerferien 1922 freute er sich schon ganz besonders, wie er am 18. Juni 1922[70] schrieb: „Sind wir da schon im Überlinger Hause? Ich bin doch ganz froh, dass wir dem Bodensee ein Haus haben, wo Waser und Berge sind." Das Internat gefiel ihm nach wie vor. „In Haubinda ist es sehr schön. [...] Gestern haben wir ein Nachtkriegsspiel gemacht." Bei diesem sollten die Fahnen der Gegner erobert werden. Vom Unterricht und Internatsleben berichtet er in seinen Briefen kaum. Vielmehr kommentiert er erhaltene Pakete und Briefe, fragt nach seinen Geschwistern und Verwandten. Nach den Sommerferien wartete auf ihn in Haubinda ein willkommenes Präsent: „Frau Dr. Haase hat mir eine Kriegsflagge geschenkt" wie er in einem Brief vom 22. August 1922 berichtete. Scheinbar rückte die Ernährung der Schüler zu dieser Zeit in den Vordergrund, da die Schüler nun täglich eine Stunde Gartenbau ableisten mussten. Statt dem Dauerlauf stand außerdem Fallobstsammeln auf dem Programm. Im November 1922 wurde es ernst, wie er in einem Brief

[70] Zu dieser Zeit schien sein Vater im Kneipp-Kur-Sanatorium Spetzgart zu besuchen, denn erfragte. „Wie geht es Pappi in Schloß Spetzgard?"

vom 20. November berichtete. „Jetzt haben sehr viele Jungen Masern. […] Hoffentlich bekomme ich sie nicht.“ Doch im selben Atemzug berichtet er: „Neulich machten wir ein großes Kriegsspiel.“ Seine Welt war also trotz der Masern in Ordnung. Das Kriegsspiel war so erfolgreich, dass er sogar eine Karte davon zeichnete, um die Abfolge zu vermitteln: „Feindliche Feldwache aufgehoben; Angriff der Feinde. Restlos gefangen; Erster Angriff. Alle gefangen; 1 Mann holt die feindl. Fahne; Versprengte und ausgerissene der feindl. Partei“ ist am Rand zu lesen. Der Bericht zum Kriegsspiel, dass sich zwischen zwei mit Fahnen bewehrten Hügeln entspann, lautete: „Wir fingen um 3 Uhr an. Sofort ging unsere Gruppe auf eine feindl. Feldwache los und hob sie auf. Dort wurde Dr. Andreesen[71] gefangen. Als wir zurückkamen, hörten wir, unser Lager sei genommen. Es war ein Gerücht. Wir kamen an und da standen 10 Leute gefesselt an den Bäumen. Wir streiften noch etwas umher, da kam Dr. Haase mit seinem Trupp und es gab eine wütende Schlacht. Alle wurden gefangen […]. So hatten wir gewonnen.“ Sein militärisches Interesse beschränkte sich nicht auf das Spielerische. So bat er seine Eltern in einem Brief vom 18. Februar 1923 darum, dass sie im den 2. Band von „Auf See unbesiegt“[72] und das Buch „Auf verlorenem Posten“[73] zuzusenden. Ebenso erbat er etwas Eßbares, „wenn es nicht zu teuer wird.“ Zu dieser Zeit zierten einen Tisch in seiner Bude unter anderem eine Reichskriegsflagge und eine Kaiserinstandarte. Zu dieser Zeit stand sein Abschied von Haubinda bereits fest. Am 26. Februar 1923 schrieb sein Mentor Hans Konzelmann eine Beurteilung an seine Eltern:

> „Ich war feste streng mit dem guten Lausbuben. Es bedeutet hier zwar bei uns beiden keine Entfremdung, sondern das Gegenteil – so soll es sein […] Für mich ist es ein richtiger Trauerfall, wenn ich trotzdem Abschied von ihm nehmen muß. Was in dem Kerlchen seit 1 Jahr alles vorgegangen ist, ist gar nicht zu sagen. Er kam sich als abgeschlossener fertiger, ja überlegener ‚Mann‘ vor als er 1922 kam. Alles was nicht mit seinen einseitigen Interessen zusammenhing, lehnte er ab oder verteufelte es. Ich gab nicht auf, bis ich jenes Brett,

---

[71] Biographische Angaben und Literaturhinweise siehe im Anhang „Kurzbiographien“.

[72] Mantey, Eberhard v.: Auf See unbesiegt. 30 Einzeldarstellungen aus dem Seekrieg, Bd. 2, München 1922.

[73] Lietzmann, Joachim: Auf verlorenem Posten. Unter der Flagge des Grafen Spee, Ludwigshafen 1922.

das ihm alle übrige Welt zu verrammeln drohte, restlos beseitigt hatte und nun – u. besonders in letzter Zeit – zeigte sich erst recht, was Herrliches in dem lieben Bübchen steckt, wenn nur die Bahn frei ist.[74] Unterricht, Kunst, Malerei u. vor allem auch Musik, Wandern, Natur w. Menschen, sie alle nehmen ihr Kerlchen ein. Ihm schien lange Zeit mein Kampf ein äußerlicher bloß zu sein, nun bemerkt er, daß das lange nicht der wichtigste war. Das Heimleben hat für uns manches bittere, aber solche Kerlchen entgelten einem manches. Leider sind diese Jungens sehr sehr selten u. nur seltener bei uns. Ich hoffe, daß der Junge im Stande sein wird, auch von Salem wenigstens das beste zu ernten."

Sein Schützling schien mit dem Wechsel nach Salem nicht sonderlich einverstanden zu sein, wie ein Brief vom 28. Februar 1923 zeigt, fügte sich aber: „Ich schreibt, daß ein Vorteil für mich in Salem der wäre, daß ich nicht zu schreiben brauchte. Ich aber schreibe eigentlich ganz gern. Ihr meint, es sei nötig, daß Ihr euch durch Augenschein von meinem Befinden überzeugen müßt. Ich sage Euch, ich befinde mich so gut, wie man sich nur denken kann. Du hast geschrieben, daß es eine große Ehre für mich wäre, in Salem angenommen zu werden und daß ich mich dieser schon würdig erweisen solle. Ich werden nach Kräften versuchen, Heimgeist hineinzutragen."

Expedition nach Finnland 1925

Nach seinem Wechsel nach Salem hielt eine erste Einschätzung über Elmenhorst fest: „Muss sich abgewöhnen, bei seinen Handlungen und Worten an deren Wirkung zu denken. Ein rechter Junge ist kein Diplomat. Aber wir haben Freude an K.Ws. gutem Willen und echten Interessen."[75] Ein Dreivierteljahr später war über ihn zu lesen: „Kurt Wolfram ist ruhiger und fester geworden, aber er muss sich das Dösen abgewöhnen. Wir gönnen ihm seine Freude an Büchern, aber er darf nicht aus Lesewut trottelig werden."[76] Wie er in einem Brief vom 13. Juni 1935 an seine Eltern berichtete, hatte ihn die Mentorin Maria Köppen (1890–1967) einmal erwischt, wie er in Strümpfen durch das Zimmer gegangen war. Er musste daraufhin

[74] Hierzu zählt vermutlich auch das Turnen, zu dem Elmenhorst laut seinem Brief vom 18. Februar 1923 gefunden hatte.
[75] Beurteilung vom 23. Juli 1923, in: GLA, 69 Baden, Salem, 13 Nr. 128.
[76] Beurteilung vom 3. April 1924, in: ebenda.

50 Mal schreiben, dass er dies nie wieder tun würde, woran er sich auch – wie er in einem Brief an seine Mutter über Jahre später bekannte – für immer gehalten habe. Mehr ist über Elmenhorsts ersten beiden Jahre nicht bekannt, denn seine Einschätzung von 1923, dass er von Salem aus nicht schreiben würde, sollte sich angesichts seines Aufenthalts bei seinen Eltern an den Wochenenden als richtig erweisen. Nur wenige Briefzeilen aus der Salemer Zeit sind erhalten, die Salem behandeln. Sie finden sich in den Briefen an seine Eltern, die er schrieb, als seine Mutter 1925 wegen der Geburt seines Bruders Gernot in Freiburg weilte und in Briefen aus dem Urlaub bei Verwandten in Kollund 1927. In einem Brief von 21. Juni 1925 berichtet er euphorisch, dass ihm Marina Ewald[77] zugesagt hatte, ihn zur großen Finnland-Expedition mit Abfahrt in Salem am 17. Juli 1925 und Rückkehr am 2. September mitzunehmen. An dieser nahmen 18 Salemer Jungen und ein finnischer Student unter der Führung von Marine Ewald und Otto Baumann[78] teil, darunter der später als Historiker berühmt gewordene Golo Mann (1909–1994)[79] und Heinz A. Lessing,[80] der für Elmenhorst noch von großer Bedeutung werden sollte. Die Reise, welche in der Tradition der „Nordlandfahrten" der bündischen Jugend stand, hatte laut Hans-Peter Heerkerens eine hohe Bedeutung als Basiserfahrung für das Konzept der Erlebnispädagogik von Kurt Hahn.[81] Dazu trug ihr Charakter einer Abenteuerreise bei: Mit der Bahn ging es von Salem an die Ostsee und von Stettin auf dem „Zwischendeck" nach Helsinki. Golo Mann berichtet über das „große Gemeinschaftserlebnis" in seinen Erinnerungen: „Eine gewaltige Tour in Booten, in Kähnen sollte es sein, den Saimaasee hinauf, von Lapeenranta bis Kuiopio, dann mit einem Lastwagen hinüber zum Päiyännesee und ihn wieder hinunter nach Süden

[77] Biographische Angaben und Literaturhinweise siehe im Anhang „Kurzbiographien". In ihrem Bericht zur Expedition erwähnt sie Otto Baumann als Mitreisenden nicht.
[78] Golo Mann gibt an, dass er neben Marina Ewald als Salemer Aufsichtsperson mitreiste. Biographische Angaben und Literaturhinweise siehe in: Zirlewagen: Akteure, Gegner und Opfer der Schule Schloss Salem im „Dritten Reich", a. a. O., S. 16-17.
[79] Biographische Angaben und Literaturhinweise siehe in: Zirlewagen: Akteure, Gegner und Opfer der Schule Schloss Salem im „Dritten Reich", a. a. O., S. 146-150.
[80] Biographische Angaben und Literaturhinweise siehe im Anhang „Kurzbiographien".
[81] Heerkerens, Hans-Peter: Wie die Erlebnispädagogik laufen lernte – Outward Bound in der Bonner Republik, Höchberg 2021.

bis Lathi.“[82] Marina Ewald erläuterte die Hintergründe der Expedition wie folgt:

> „Nach der Inflation stand auch der deutschen Jugend die Welt wieder offen. Zwanzig Salemer unternahmen eine Reise in offenen Booten über die finnischen Seen. Es war ihnen Jagd- und Fischerlaubnis im ganzen Reisebiet gewährt. Sie navigierten durch kaum besiedeltes Land. Die Fahrt hatte den Charakter einer Expedition. Sie war auch in ihrer nachfolgenden Auswirkung auf die Teilnehmer eine der glücklichsten Erfahrungen jener Jahre und legte den Grund zu dem Gewicht, das Kurt Hahn fortan auf sorgsam vorbereitete und standhaft durchgeführte, expeditionsartige Touren legte. Sie sind ein wesentlicher Teil seines Erziehungsprogramms geworden. Die finnische Bootsreise erfüllte der Geographin, die sie leitete, einen alten Wunschtraum und möge jene Übereinstimmung von Neigungen mit Prinzipien illustrieren, die so oft bei der Entwicklung dessen im Spiele war, was man ‚Salemer Methode' genannt hat, wenn man darunter jenes zielbewusste Herbeiführen gewisser bildender Gewohnheiten und Erlebnisse versteht, wie sie im Salemer Leben eingebaut sind.“[83]

Wie entbehrungsreich und gefährlich die Reise war, geht aus diesen Worten nicht hervor. Dies und die Lehren für die Teilnehmer beschrieb Marina Ewald in ihren 2018 veröffentlichten Erinnerungen: „Es war uns das Navigieren ins Unbekannte ein großer Spaß und wie ein Symbol des Lebens. Oft glaubte man sich in der Falle. […] Es fand sich der Ausweg und wieder schipperte man mit frischer Lust, das Ziel an neu gewählter Stelle anpeilend. So öffnete sich Perspektive um Perspektive, immer weiter lockend.“ Und angesichts einer Erfahrung mit einem wütenden finnischen Mob, vor dem die Reisegruppe flüchten musste, glaubte sie: „Sicher ist keiner von ihnen je in seinem späteren Leben davongerannt, wenn er etwas angerichtet hatte; und wenn es ihnen auf der Zunge war zu sagen: das ist unmöglich, sind ihnen die ‚ungeeigneten Boote' auf den finnischen Seen eingefallen. Waren sie in Sorgen gefangen und Trübsal beladen,

---

[82] Mann, Golo: Erinnerungen und Gedanken – Eine Jugend in Deutschland, Frankfurt a. M. 1986, S. 190.

[83] Ewald, Marina: Der Aufbau und Ausbau Salems (1919–1933), in: Röhrs, Hermann: Bildung als Wagnis und Bewährung. Eine Darstellung des Lebenswerkes von Kurt Hahn, Heidelberg 1966, S. 123.

konnten sie an jene Buchten und Inseln der Freiheit zurückdenken, wo sie tun und lassen konnten, was immer die Lust des Herzens eingab."[84]

Teilnehmer der Salemer Finnland-Expedition im Sommer 1925 (von links): Marina Ewald, Franz von Brücke, Golo Mann, Hans von Brücke, der finnische Student Olavi Rytkonen, Kurt Wolfram Elmenhorst, Heinz A. Lessing (9. von links), Detlev Heinrici (14. von links), Leo Richter (15. von links) und Roland „Bex" Richter (rechts).

Salemer Werte

Angesichts der niederschmetternden Erfahrungen des Ersten Weltkriegs wollte die 1920 gegründete Schule Schloss Salem eine neue Generation verantwortungsbereiter Menschen erziehen.[85] Den Jugendlichen galt es die Bereitschaft zum Dienst am Nächsten ebenso näher zu bringen, wie der Dienst am Vaterland, so dass sie ihrer Verantwortung als Staatsbürger gerecht werden konnten.[86] Salem sollte Schule nach dem Vorbild englischer Public Schools den Gemeinsinn fördern[87] und einen Beitrag zur

[84] Ewald, Marina: Erinnerungen, Bonn 2018, S. 43.

[85] Dargel, Eveline und Mohn, Brigitte: Schicksalsgenosse als unserer Freuden und Leiden – Max von Baden und die Gründerjahre der Schule Schloß Salem, in: Krimm, Konrad (Hg.): Der Wunschlose – Prinz Max von Baden und seine Welt, Stuttgart 2016, S. 53.

[86] Ewald: Der Aufbau und Ausbau Salems (1919–1933), a. a. O., S. 108.

[87] Dargel und Mohn: Schicksalsgenosse als unserer Freuden und Leiden, a. a. O., S. 54.

„Erneuerung“ des Volkes[88] mit einer Führungselite aus „charakterfesten und mutigen“ Menschen[89] sowie zu seiner „nationalen Wiederaufrichtung“ leisten.[90] Die reformorientierte Schule war koedukativ, überkonfessionell und bot anerkannte Bildungsabschlüsse an. Das pädagogische Konzept sah einen „Schulstaat“ vor, in dem die Schüler schrittweise Verantwortung übernahmen. Das Erlernen praktischer Fertigkeiten ergänzte das Schulische im Sinne einer „ganzheitlichen Bildung von Kopf, Herz und Hand“.[91] Wenngleich Salem laut Lothar Machtan als „Trutz- und Zwingburg im ideologischen Kampf gegen das demokratisch-republikanische Weimarer System“ errichtet wurde und den vermittelten Deutschnationalismus „ethisch veredelte“, galt es mit seiner Reform- und Erlebnispädagogik gleichzeitig als sehr modern.[92] So reflektierten die Schülerinnen und Schüler die politischen Intentionen innerhalb ihrer oft glücklichen Schulzeit abseits der Städte und der politischen Wirren allenfalls in der Rückschau: „Zeitlebens prägend blieb indessen für viele das Erlebnis der Gemeinschaft, der freundschaftlich-kameradschaftliche Umgang, das Vertrauen und Engagement der Lehrer.“ Salem hatte andere Spielregeln als die übrige Welt:[93] Kernstück der Salemer Erziehung in seiner idyllischen und abgeschieden Lage mit seinem spartanischen Lebensstil war ein selbst geführter Trainingsplan, der die Disziplin gegenüber sich selbst förderte. Die sich aus ihm ergebenden Pflichten waren eine Ehre, sie zu erfüllen weckte den Stolz. Die Übernahme von Ämtern im Salemer „Schulstaat“ mit seinem in den „Salemer Gesetzen“[94] festgeschriebenen ganzheitlichen Erziehungskonzept erhöhte diesen mit steigender Verantwortung.[95] In der Schule bildete sich ein „Salemer Geist“, der auf dem Schul- und Erziehungskonzept Kurt Hahns basierte. Er führte zur „Salemer Reife“, die neben verschiedenen Eigenschaften wie Gemeinsinn und Gerechtigkeit die

---

88 Die erste Schulfeier – Rede des Prinzen Max von Baden bei der Eröffnung der Schule Schloß Salem April 1920, in: Berthold Markgraf von Baden, Salem, Langensalza 1933, S. 20.

89 Miscoll, Ilse (Hg.): Schule Schloß Salem – Chronik, Bilder, Visionen / Geschichte und Geschichten einer Internatsschule, Korb 1995, S. 47.

90 Hahn, Kurt: Das Programm von Salem, in: Berliner Tageblatt vom 14. Oktober 1932.

91 Dargel und Mohn: Schicksalsgenosse als unserer Freuden und Leiden, a. a. O., S. 54-61.

92 Machtan: Prinz Max von Baden, a. a. O., S. 483.

93 Dargel und Mohn: Schicksalsgenosse als unserer Freuden und Leiden, a. a. O., S. 61.

94 Siehe die sieben Gesetze Salems von 1930, abgedruckt in: Miscoll: Schule Schloß Salem – Chronik, Bilder, Visionen, a. a. O., S. 58.

95 Pielorz, Anja: Werte und Wege der Erlebnispädagogik – Schule Schloß Salem, Darmstadt 1991, S. 217-218.

Kernfähigkeit umfasste, das als recht Erkannte gegen innere und äußere Widerstände durchzusetzen.[96] Das Wertebündel, welches weite Teile seiner Pädagogik beinhaltet, fasste Kurt Hahn 1928 zusammen: Gemeinschaft, Gerechtigkeit, Präzision, Organisationstalent, Anleitung von Jüngern, Konzentrationsfähigkeit, Sorgfalt, Pflichterfüllung, Bewährung in unerwarteten Situationen, Kraft, Zähigkeit, Ausdauer, Reaktionsgeschwindigkeit, Willenskraft, Verantwortung, Dienst am Nächsten, Fleiß und Leistungsbereitschaft.[97]

Verantwortung lernen

Wie Elmenhorst die Salemer Werte während seiner Schulzeit wahrnahm, ist angesichts fehlender Briefe nicht überliefert. Einzig vom April 1926 liegt ein Hinweis auf sein Verhältnis zum Erziehungssystem vor. Zu dieser Zeit weilte er bei seiner Mutter, der er Küchenaufgaben abnahm: Sie selbst war gesundheitlich angeschlagen, ihr Mann war wegen einer Nervenentzündung in Meran. Kurt Hahn teilte ihr angesichts dessen mit: „Für Kurt Wolfram gibt es nichts Wichtigeres, als ihn in seinem täglichen Leben Verantwortungsgefühl zu lehren. Wenn ich mir eine geeignete Aufgabe für ihn aussinnen würde, so könnte ich mir nichts Besseres denken, als dass er Ihnen in Ihrer gegenwärtigen Lage zur Seite steht. [...] Er hat viel schöne Eigenschaften, aber häufig flüchtet er sich in seine geistigen Interessen, um seinen Pflichten zu entgehen."[98]

Bewerbung bei der Reichsmarine

Im Juli 1927 ist in einem Brief an seine Eltern aus den Ferien bei seiner Großmutter Martha Sophie Elmenhorst im dänischen Kollund zu lesen, dass er nach seiner Zeit in Salem als Offiziersanwärter bei der Marine dienen wollte. Da er der Meinung war, dass er Frankreich nicht mehr besuchen könne, wenn er in der Marine dienen würde, besuchte er nach dem Aufenthalt in Kollund auf dem Rückweg zum Bodensee Straßburg: „Schon lange ist es mein Wunsch gewesen, Strassburg und den Isenheimer Altar gründlich zu besichtigen." Auch galt es das Elsass zu genießen: „Schon lange habe ich mir das gewünscht." Auf seine künftige Marinezeit

---

[96] Kurt Hahn über Erziehungsziele Salems („Salemer Reife"), abgedruckt in: Miscoll: Schule Schloß Salem – Chronik, Bilder, Visionen, a. a. O., S. 51.
[97] Pielorz: Werte und Wege der Erlebnispädagogik a. a. O., S. 143.
[98] Brief von Kurt Hahn an Lisa Elmenhorst vom 22. April 1926, in: GLA, 69 Baden, Salem, 13 Nr. 128.

hatte er sich so gründlich mit englischer und französischer Literatur vorbereitet, dass er sich anstrengen musste „einen guten deutschen Stil zu schreiben“, wie er seinen Eltern gegenüber bekannte. Wie wichtig dies jedoch sein würde, bestätigten ihm eine Aufwartung bei Korvettenkapitän Conrad Patzig[99] und Konteradmiral Martin Hosemann[100] in Kiel, die er kurz zuvor gemacht hatte. Er machte Ernst mit seinem Wunsch der Marine beizutreten und ließ sich in Mürwik (vermutlich auf der Marineschule) ärztlich untersuchen. Seiner Meinung nach war er dienstfähig, wenngleich die Sehprüfung einen Augenfehler ergeben hatte. Kurz darauf baute er seine Kontakte zur Marine aus: Er lernte Korvettenkapitän Hermann Ehrhardt[101] kennen. Ende Juli oder Anfang August 1927 bewarb er sich bei der Inspektion des Bildungswesens der Marine zur Aufnahme als Kadett. Diese wandte sich am 8. August 1927 an Salem und bat um eine Einschätzung von Elmenhorst. Kurt Hahn antwortete nach Rückkehr aus dem Ausland am 19. September 1927:

> „Kurt Wolfram Elmenhorst ist ein hochbegabter Schüler. Er hat eine leichte Auffassungsgabe für schwierige Zusammenhänge, ausserdem ein vorzügliches Gedächtnis. Unter seinen Kameraden erfreut er sich allgemeiner Beliebtheit wegen seines offenen und geraden Charakters. In Sport hat er in letzter Zeit einen grossen Aufschwung genommen. Infolge seines raschen Wachstums waren ihm bis vor kurzem die körperlichen Übungen nicht leicht gefallen. Er hat aber schon früher dank seiner Ausdauer gute Durchschnittsleistungen erreicht. Nachdem er jetzt seiner Körperlänge entsprechend breiter geworden ist, glauben wir, dass er noch im letzten Jahr seiner Schulzeit seine sportlichen Leistungen wesentlich verbessern wird. Die Frage: Wird Elmenhorst dem seelisch und körperlich so anstrengenden Beruf des Seeoffiziers unbedingt gewachsen sein, würden wir heute nicht in der Lage sein, ohne weiteres zu bejahen. Ihm fehlt vorläufig noch hier und da die nötige Umsicht. Wir schieben das aber im wesentlichen auf das Überhandnehmen gewisser sprachlicher und historischer Interessen, die ihm vorübergehend dem eigentlichen Tatleben zu entfremden drohten. Wir möchten aber darauf hinweisen, dass er im besten Sinne des Wortes noch ein kindlicher Mensch und dass wir immer wieder

[99] Biographische Angaben und Literaturhinweise siehe im Anhang „Kurzbiographien“.
[100] Biographische Angaben und Literaturhinweise siehe im Anhang „Kurzbiographien“.
[101] Biographische Angaben und Literaturhinweise siehe im Anhang „Kurzbiographien“.

bei unseren Jungen erleben, wie ganz plötzlich aus einem Theoretiker ein Mann der Tat werden kann. Wahrscheinlich würden die ersten Wochen der Ausbildungszeit genügen, um die schon begonnene Wandlung bei Elmenhorst zu vollenden. Auf einer schwierigen Ruderdauerfahrt in den finnischen Seen hat er z. B. sich in jeder Weise bewährt. Seit frühester Jugend hat er nur das eine Ziel, Seeoffizier zu werden. Ich möchte mich dahin zusammenfassen: Es würde sich lohnen, den Versuch mit Kurt Wolfram Elmenhorst zu machen, nicht nur im Interesse des Jungen, sondern auch der Allgemeinheit, in anbetracht seiner grossen Begabung und seines vortrefflichen Charakters. Ich bemerke noch, dass die Eltern in der hiesigen Gegend sich des allerbesten Ansehens erfreuen."[102]

Trotz dieser Empfehlung wurde Elmenhorst von der Reichsmarine wegen eines Augenfehlers abgelehnt. Das Offizierskorps der Reichsmarine war durch den Versailler Vertrag auf 1.500 Mann beschränkt worden, entsprechend schwierig war es dort Anstellung zu finden.

Nach dem Abitur

Ende März 1928 beendete Elmenhorst seine Salemer Schulzeit mit dem Abitur, das damals noch in Konstanz abgelegt wurde. Sein Vater bedankte sich bei Kurt Hahn für die Ausbildung, die sein Sohn in Salem genossen und die Arbeit, welche die Erzieher in ihn investiert hatten. Als Ergebnis dessen sah er die gute Abiturnote an. Gleichzeitig bat er Hahn um eine Einschätzung, welchen Beruf sein Sohn nun ergreifen sollte, da er die Chancen seines Sohns bei der Marine angenommen zu werden wegen des Augenfehlers als gering ansah. Kurt Wolfram Elmenhorst schwebte nach der Ablehnung ein Beruf vor, bei dem er seine Veranlagung für Sprachen einsetzen konnte, eine konkrete Vorstellung hatte er jedoch nicht. Max Elmenhorst war bereit in eine internationale Ausbildung zu investieren, doch diese musste ein klares Ziel haben. Er gewährte seinem Sohn eine freie Berufswahl, da er schließlich später die Folge dessen selber werde tragen müssen. Im selben Brief schloss sich auch seine Frau dem Dank für die schöne Schulzeit ihres Sohns an: „Kurt Wolfram wird immer in Liebe an Salem zurückdenken."[103] Hahn bestärkte die Eltern getreu seinem Glauben

[102] Brief von Kurt Hahn an die Inspektion des Bildungswesens der Marine vom 19. September 1927, in: GLA, 69 Baden, Salem, 13 Nr. 128.
[103] Brief von Max und Lisa Elmenhorst an Kurt Hahn vom 25. März 1928, in: ebenda.

an die „grande passion“, die in jedem jungen Menschen stecken würde, in seinem Antwortschreiben, dass Kurt Wolfram Elmenhorst seinen Traum von der Marine nicht aufgeben sollte: „Er hätte sonst sein ganzes Leben lang das Bedauern: es ist etwas versäumt worden, um meinen Herzenswunsch zu erfüllen.“ Außerdem riet er ihnen entsprechend des Sprachtalents ihres Sohns, dass er die englische Sprache vollendet beherrschen sollte, da dies einen „grossen Creditposten“ bedeuten würde. „Das schönste wäre“, so riet er, „Sie könnten ihn nach Exeter schicken, wo er nur ein Semester zu sein braucht, und wo auch die in Salem begonnene Gemeinschaftserziehung wirksam nach gesunden englischen Grundsätzen fortgesetzt wird.“[104] In den folgenden Wochen entschied sich Kurt Wolfram Elmenhorst für eine erneute Bewerbung bei der Reichsmarine und im Fall einer neuerlichen Ablehnung für den Beruf des Kaufmanns. Er und seine Eltern folgten der Empfehlung Hahns bezüglich Exeter. Elmenhorst schrieb Hahn Ende April 1928, dass er dort Nationalökonomie hören und daneben Stenographie und Schreibmaschine lernen wollte.[105]

Salemer Werte im Leben nach Salem

Spätestens, als seine Lehrzeit in Hamburg angefangen hatte, lernte er, dass einige Salemer Prinzipien in der Welt außerhalb der Insel Salem keinen Bestand hatten, wie er seinen Eltern in einem Brief vom 26. September 1929 berichtete: „Man nimmt nicht mehr an das jeder Mensch es gut mit einem meint und alle Leute immer das sagen was sie meinen. Man muss sich ja so vorsehen, du weisst nicht wie gemein so ein Mensch im allgemeinen ist.“ Dennoch sollte er zahlreiche Salemer Werte auch in seinem Leben nach dem Internat beherzigen. Bereits seine Briefe aus Exeter zeigen, wie auch später die Briefe aus Hamburg und Guatemala eine stete „soldatische“ Haltung, nicht nur in Bezug auf sein Interesse am Militär. So präsentierte er sich in den Briefen an seine Eltern angesichts von Lernstoff und Arbeit stets diszipliniert und voller Pflichtgefühl: Er lernte und arbeitete viel und fleißig und ließ sich selten durch Vergnügungen ablenken. Bei deren Schilderung hob er darüber hinaus stets seine moralische Festigkeit hervor. Auch Selbstkontrolle war ein stetes Thema der Briefe: Ein Jahrzehnt lang verzichtete er auf viele Genüsse und sparte stattdessen sein Geld. Seinen Sinn für Gemeinschaft, die Liebe zum Vaterland, den Mut

[104] Brief von Kurt Hahn an Max und Lisa Elmenhorst vom 28. März 1928, in: ebenda.
[105] Brief von Kurt Wolfram Elmenhorst an Kurt Hahn vom 29. April 1928, in: ebenda.

das aus seiner Sicht als richtig Erkannte gegen äußere Widerstände anzugehen zeigte er schließlich bei seinem Einsatz für den Nationalsozialismus.

Gedanken über Kurt Hahn

In seinem ersten Brief an seine Eltern nach der „Machtergreifung" fragte Elmenhorst seine Eltern Mitte Februar 1933 besorgt danach, ob „Seilers[106] und Konsorten" Kurt Hahn bereits „auf die Bude gerückt" waren, wie sie es zuvor angekündigt hatten. Auch in einem Brief an seinen Bruder Hinrich vom 12. März 1933 machte er sich Gedanken über Kurt Hahn: „Was fängt nun der patriotische Hahn, der menschlich fabelhaft ist aber politisch schon eine jüdisch durchaus einwandfreie Laufbahn hinter sich hat, bloss mit Hitler als Reichskanzler an? Wahrscheinlich: Ein fabelhafter Mann, aber… erst loben und dann nachher so einige höflich tadelnde Randbemerkungen die alles vorher gesagte wieder umwerfen und in dem Hörer zuletzt eine anti-Hitler Einstellung zurücklassen." Er riet seinem Bruder dazu Hahns Rhetorik zu studieren: „Das wirst Du später immer gebrauchen können. Dass er einem mit Leichtigkeit beweist dass Weiss Schwarz ist, wissen wir ja beide aus Erfahrung, aber wie er es macht, dass muss man lernen denn wenn man das mal weiss kann einem der Jude in keiner Gestalt mehr schaden und wir können Hahn dafür dankbar sein." Er wies Hinrich darauf hin, dass Ludendorff behauptet hätte, „der Jude Hahn" sei für seinen Sturz verantwortlich gewesen: „Das ist die Stelle wo Hahn in die Weltgeschichte eingetreten ist und es wäre traurig, falls die Nachwelt ihn nur nach seiner politischen Karriere beurteilen würde."

Von der Verhaftung und Verbannung von Kurt Hahn erfuhr er verspätet. Er folgte im April 1933 einem Aufruf des Salemer Bundes, dagegen zu protestieren, dass man Hahn die Lehrerlaubnis entzogen hatte, wie er seinen Eltern mitteilte: „Weil Hahn zu euch immer sehr anständig war (*habe ich, d. Verf.*) einen Brief geschrieben dass es unsinnig sei ihn wegen marxistischer Umtriebe zu verhaften, das wäre in Salem gar nicht gewesen." Es sei lächerlich Hahn als Kommunist zu bezeichnen. Vielmehr sei Hahn „politisch ein durchaus nicht ungefährlicher nationaler Liberalist"

---

[106] Der Ingenieur Paul Seiler (* 2.7.1883 in Mannheim) schloss sich 1930 der neuen NS-Ortsgruppe Überlingen an. Für diese wurde er im Herbst 1930 einziger NS-Gemeinderat. Im April 1933 wurde er Bürgermeisterstellvertreter. 1936 wurde er zum Oberarbeitsführer im Reichsarbeitsdient ernannt.

gewesen, „der vor der Eigentumsfeindlichkeit den berechtigten Schauder des Mannes der immer Geld gehabt hat hat.“

Sorge um Salem

Von Exeter, Hamburg und Guatemala aus erkundigte sich Kurt Wolfram Elmenhorst in seinen Briefen stets nach dem Befinden Salems bzw. einzelner Protagonisten der Schule. Nach der „Machtergreifung“ war er sich sicher, dass dies Salem verändern würde. Am 12. März 1933 erkundigte er sich dementsprechend bei seinem Bruder Hinrich: „Wie wirken sich denn die politischen Veränderungen auf die Schule aus? Wird noch viel politisiert? Wie viele von den jüdischen Vätern sind mittlerweile nach der Schweiz ausgewandert?“ Nachdem er vom Entzug der Lehrerlaubnis von Kurt Hahn erfahren hatte, sorgte er sich um den Bestand der Schule. Drei Monate später hatte ihm seine Mutter ausführlich über die Entwicklung in Salem informiert. „Mit Salem scheint es ja ziemlich hoffnungslos auszusehen. Deinem Brief nach zu urteilen scheinen ja anarchische Zustände dort zu herrschen“, kommentierte Elmenhorst ihre Beschreibungen in seinem Antwortbrief vom 18. Juni 1933: „Du schreibst was von Schulanzug und brauner Uniform und Hitlerjungen die sich über Berthold nach Karlsruhe beschweren und von der üblen Frau Richter[107] die ja scheinbar noch zu existieren scheint und ihren Hassgefühlen unklugerweise freien Lauf zu lassen scheint. Warum hat man diese alte Zicke denn nicht hopp genommen.“ Wilhelm Kuchenmüller[108] als neuer Schulleiter schien sich in seinen Augen für Salem zu opfern, während sich der ehemalige Salemer Lehrer und frühe Nationalsozialist Karl Neuscheler[109] „fies“ gegenüber Salem zu benehmen schien.[110] „Na, das Salem eine Judenbrutstätte war und immer mehr wurde kann man ja nicht bestreiten. Dass es zum mindesten gewaltig geändert werden musste ist klar. Und schliesslich muss die Regierung auch

[107] Biographische Angaben und Literaturhinweise zu Lina Richter (1872–1960) siehe in: Zirlewagen: Akteure, Gegner und Opfer der Schule Schloss Salem im „Dritten Reich“, a. a. O., S. 210-212.

[108] Biographische Angaben und Literaturhinweise siehe in: Zirlewagen: Akteure, Gegner und Opfer der Schule Schloss Salem im „Dritten Reich“, a. a. O., S. 133-136.

[109] Ebenda, S. 184-186.

[110] Neuscheler veröffentlichte Hetzartikel gegen Salem und Kurt Hahn in der Bodensee-Rundschau.

konsequent sein. Wutzdorff (sic!)[111] ist ja wohl mit Kuchenmüller der Hauptmanager. Das wäre ja erfreulich." Dementsprechend begrüßte er die von seinen Eltern im Folgenden geschilderten Umgestaltungen auf dem Spetzgart. Das Wirken des von den Nationalsozialisten als Kommissar für Salem eingesetzten Prof. Heinrich Adolf Müller[112] beurteilte er wie folgt: „Das Ende der Schulen scheint ja recht nahe bevorzustehen." Insbesondere Karl Neuscheler schien ihm im August 1933 der Verderber Salems zu sein. Dieser Eindruck steigerte sich noch, als er im November 1933 von seinem Bruder Berichte über die „haarsträubenden Zustände in Salem" und den bevorstehenden finanziellen Kollaps erhalten hatte. In einem Brief an seine Eltern vom 23. November 1933 urteilte er: „Diese widerwärtigen Proleten haben es jetzt scheinbar erreicht, Salem auf das Niveau einer gewöhnlichen dreckigen Staatspenne mit all ihren Übeln herabzudrücken. Die Dorfmussolinis haben es ja scheinbar erreicht, alles Anständige, was sie infolge ihrer blasierten Dummheit nicht begreifen konnten kaputtzukriegen. Diese Canaille von Neuscheler wird ja ihre helle Freude haben."

Der Salemer Bund

Obwohl Elmenhorst vielen Salemern nach Ende seiner Schulzeit verbunden blieb, konnte er dem Salemer Bund anfangs nicht beitreten. Dieser war zunächst nur Altsalemern zugänglich, welche neben dem Abitur auch die Salemer Reife[113] erhalten hatten. Dies änderte sich 1933. So berichtete er seinen Eltern am 23. April 1933: „Von Salem ist, oder vielmehr von den Altsalemern aus ist man an mich herangetreten auch dagegen zu protestieren dass man Hahn die Lehrerlaubnis entzogen hat. Jetzt ist man natürlich

---

[111] Biographische Angaben und Literaturhinweise zu Hans Oscar Wutsdorff siehe in: Zirlewagen: Akteure, Gegner und Opfer der Schule Schloss Salem im „Dritten Reich", a. a. O., S. 264-269.

[112] Biographische Angaben und Literaturhinweise siehe in: Zirlewagen: Akteure, Gegner und Opfer der Schule Schloss Salem im „Dritten Reich", a. a. O., S. 179-181.

[113] Salem erteilte die „Salemer Reife" im Erfolgsfall als abschließenden Bericht an die Eltern. Dieser enthielt eine umfassende Charakteristik der Abiturienten, in dem Eigenschaften wie Gemeinsinn, Fähigkeit, das als Recht Erkannte gegen Unbequemlichkeiten, Gefahren, Hohn der Umwelt durchzusetzen, Sorgfalt im täglichen Leben, Handgeschicklichkeit, Kampfkraft usw. genau so ernst gewertet werden wie die Leistungen im Unterricht. Sie brachte damit zum Ausdruck, dass es ihr auf die Erziehung von ganzen Menschen ankam. Siehe in: Große Vergangenheit schlägt ihre Brücke zur Jugend, in: Karlsruher Tagblatt vom 13. Juli 1934. Ein Beispiel für eine „Salemer Reife" findet sich in: Rohe, Georgia von der: La donna è mobile – Mein bedingungsloses Leben, Berlin 2001, S. 50-52.

als SA-Mann den Herren gut genug, früher hörte und sah man nichts von Salem ausserhalb weil man ja nicht die (*Salemer, d. Verf.*) Reife hatte. Jetzt ist der exklusive Salemer Bund an seiner eigenen Inaktivität vollständig verdient zu Grunde gegangen. Hahn verbot noch im August 32 den Beitritt zur SA und merkwürdigerweise existiert diese immer noch. Die Leute wollen ja jetzt einen neuen Laden aufziehen und haben ja auch an mich geschrieben." Er wollte sich an dem neuen Projekt jedoch nicht beteiligen, früher sei er dem Salemer Bund schließlich auch egal gewesen. Im August 1933 teilte er seinen Eltern mit: „Von den Altsalemern habe ich einen langen Schrieb bekommen, seit SA modern ist haben die Leute mich augenscheinlich auch wieder auf der Liste. Ihren komischen Bund in dem sie sich totdebattieren und nie was erreichten wollen sie umstellen und auch die aufnehmen, die die Salemer Reife nicht erhalten haben. Ich habe ihnen geantwortet sie wären ja ganz nette Leute, aber ich hätte keinerlei Veranlassung ihren Quatsch und dazu in solcher Gesellschaft mitzumachen. Ich wäre ja unreif gewesen, aber doch schon einige Jahre früher auf Ideen gekommen die sie erst später zwangsläufig anerkennen mussten, und wohl mit einem weinenden und einem lachenden Auge. [...] Mit diesen reaktionären Hornochsen steige ich doch nicht in denselben Wagen." Erst nachdem sich der Salemer Bund gewandelt hatte, trat er diesem bei. Im Oktober 1934 war jedoch über eine Mitteilung des Salemer Bundes verstimmt: „Ich habe gerade von den Altsalemern eine recht merkwürdige Mitteilung bekommen, dass Salem jetzt immer mehr von seinen alten Bahnen abweicht, geklaut würde ohne das der Schuldige herauskäme, das moralische Niveau gesunken wäre, und das die Altsalemer wohl bald keinen Grund mehr hätten sich für Salem besonders zu interessieren." Da gleichzeitig Gordonstoun gelobt wurde, vermutete er, dass der Salemer Bund sich von Salem hin zu Gordonstoun orientieren wollte. Über die Entwicklung der British Salem School hielt ihn seine Mutter auf dem Laufenden, im Dezember 1935 reagierte Elmenhorst darauf: „Wie ich mich freue, dass Hahn Erfolg in England hat. Er kann eben doch einen Haufen."

„Die Salemer Werte waren ihm sehr wichtig"

Salem begeisterte Elmenhorst laut seiner Tochter Charlotte Elmenhorst-Volz ein Leben lang. Auch verehrte er demnach Kurt Hahn bis an sein Lebensende. Schon sein Nachruf hatte festgehalten: „Er war ein begeisterter Anhänger Kurt Hahns und akzeptierte mit Überzeugung die strengen

Regeln der Schule. Sie blieben bis in sein hohes Alter für ihn gültig."[114] Beindruckt war er bsp. davon, dass er – nachdem er etwas ausgefressen hatte – seine Strafe selbst bestimmen sollte: „Die Salemer Werte waren ihm sehr wichtig", so seine Tochter. Seine Liebe zu seiner alten Schule versuchte er auf seine drei Töchter zu übertragen. Denen war es in Deutschland jedoch zu kalt und ihrer Mutter war Salem zu weit weg. Man einigte sich auf den Besuch des Internats Andover bei Boston, dessen Ansehen mindestens dem von Salem entsprach. Wie Charlotte Elmenhorst-Volz berichtet, versuchte ihr Vater später seine Enkelkinder nach Salem zu lotsen. Da ihr Mann Chefarzt in St. Blasien war – er selbst hatte die Salem-Zweigschule Kirchberg als Externer von Friedrichshafen aus besucht –, gingen ihre Kinder jedoch lieber vor Ort zur Schule. Sie bezweifelten, dass die Bedingungen und die Schüler in Salem anders, bzw. besser seien, wie der Großvater meinte, als in ihrem Jesuitenkolleg in St. Blasien, wo sie sich – als Externe – ordentlich versorgt fühlten.[115]

---

114 Hubert, Inge: Kurt-Wolfram Elmenhorst, in: Mitteilungen der Altsalemer Vereinigung, 49. Jg. 2001, S. 171.

115 Mitteilung von Charlotte Elmenhorst-Volz vom 21. Juni und vom 26. September 2022.

K. W. ELMENHORST

No.X
mein letzter:No.IX vom 4.6.1933
dein letzter: "VIII " 16.5.1933

GUATEMALA, den 18.Juni 1933

Liebe Mammi,

Ich habe mich sehr gefreut in der Zwischenzeit mal etwas von Euch zu hoeren und wenn Du mir auch laengere Zeit nicht geschrieben hast so ~~nak~~ verzeihe ich alles weil Du so bloedsinnig viel zu tun hast. Du tust mir rasend leid und ich hoffe dass ich Dir bald helfen kann. Aber soviel habe ich schon hier herausbekommen, alle Welt sind neunzig Dollar auch nicht. Es entspricht ungefaehr an effektiver Kaufkraft einem Gehalt von 180 bis 210 Mark drueben und dann muss man noch eventuellen Arzt etc.alles von zahlen und das ist hier im Lande wahnsinnig teuer. Hospital pro Tag fuenf dollar, Arztbesucht mindestens zehn Dollar und kuriert wird man nicht auf das was einem fehlt, sondern auf das was dem Arzt am meisten Geld einbringt. Ich bleibe auch erst mal vorlaeufig hier wohnen. Mit dem Magen habe ich allerlei zu tun, hoffentlich geht es bald vorueber. In diesem Affenlande ist fast je der Mensch irgendwie leber-nieren-oder magenkrank,das liegt groesstenteils am Essen und am Klima und da ich hier anstaendiges Essen bekomme bleibe ich erstml da bis ich ganz in Ordnung bin.

Im Geschaeft habe ich mich jetzt ganz gut eingearbeitet weiss was ich zu tun habe und die Sache macht Spass. Sehr schwer fiel mir das Einarbeiten nicht weil mich Kaffee an sich ja interessiert und ich den Kram von drueben her teilweise kenne.

Mit Salem scheint es ja ziemlich hoffnungslos auszusehen. Deinem Brief nach zu urteilen scheinen ja anarchische Zustaende dort zu herrschen. Du schreibst was von Schulanzug und brauner Uniform und Hitlerjungen die sich ueber Berthold nach Karlsruhe beschweren und von der ueblen Frau Richter die ja scheinbar noch zu existieren scheint und Ihren Hassgefuehlen unklugerweise frein Lauf zu lassen scheint. Warum hat man diese alte Zicke denn nicht hopp geno mmen, das waere doch das Gegebene gewesen. Was wird aus den Schulen? Kuchenmueller scheint sich Hahn ja mit einer bewundernswerten Nibelungentreue zu opfern waehrend Neuscheller sich ja fies benimmt. Na, das Salem eine Judenbrutstaette war und immer mehr wurde kann man ja nicht bestreiten. Dass es zum mindesten gewaltig geaendert werden muesste ist klar. Und schliesslich muss die Regierung auch konsequent sein. Wutzdorff ist jetzt wohl mit Kuchenmueller der Hauptmanager. Das waere ja erfreulich.

Hinrich hat ja jetzt noch zwei Jahre zum Abitur und so langsam muss man sich ueberlegen was er werden will. Das Beste waere ja schon wenn er in die Marine oder zur Armee ginge, denn das liegt ihm doch am meisten und davor Kaufmann zu werden kann ich ihn nur ganz dringend warnen. Mehr wie zum kleinen Angestellten bringt man es doch nicht und denn muss man Schwein haben. ~~Ein~~ Das ueble Subjekt von Onkel Donner scheint sich ja jetzt ganz in Privatleben zurueckgezogen zu haben und Ihr habt das Nachsehen. Ich werde mal an Onkel Kurt schreiben und mir die Angelegenheit auseinanderpulen lassen ob man den nicht mit Offenbarungseid herankriegen kann, ihr koennt mir das doch nicht erklaeren.Eigentlich finde ich es ja komisch dass ihr mir frueher nie irgendwas ueber die ganze Sache erzaehlt habt, H.U.wusste alles schon seit Jahren und ich wurde scheinbar noch nicht fuer reif gehalten. Na, jetzt ist die Sache endgueltig verfahren und mir auch egal.-

Das der Stahlhelm sich jetzt hinter Hitler gestellt hat und Seldte sich so fabelhaft benommen hat wird sicher kollossal anerkannt werden. Pappi hat ja scheinbar mit dem Stahlhelm allerhand zu tun und viel Arbeit die ihm wohl grossen Spass machen wird. Ist Hinrich jetzt in der HJ oder geht das in Spetzgart nicht? Das Ludin bei Euch war ist ja fein Du schreibst mir das er jetzt in Stuttgart wohnt aber die Adresse schreibt Du mir natuerlich nicht.Oder ist er mittlerweile so populaer das Ludin-

Brief von Kurt Wolfram Elmenhorst vom 18. Juni 1933.

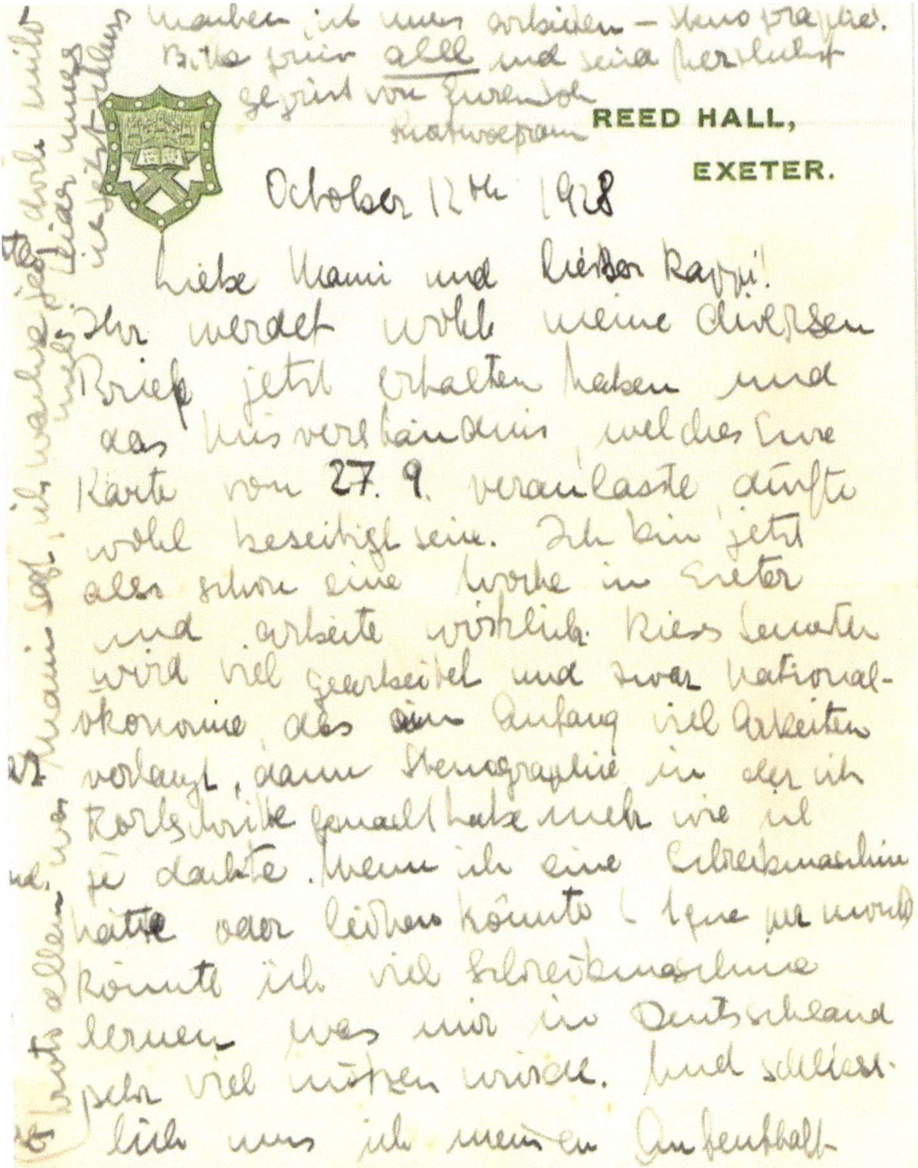
machen ich muss arbeiten – ...
Bitte grüss alle und seid herzlichst
gegrüsst von Eurem Sohn
Kurt Wolfram

REED HALL,
EXETER.

October 12th 1928

Liebe Mami und lieber Papi!
Ihr werdet wohl meine diversen Brief jetzt erhalten haben und das Missverständnis, welches Eure Karte vom 27. 9. veranlasste dürfte wohl beseitigt sein. Ich bin jetzt aber schon eine Woche in Exeter und arbeite wirklich. Dies Semester wird viel gearbeitet und zwar Nationalökonomie, das am Anfang viel Arbeiten verlangt, dann Stenographie in der ich Fortschritte gemacht habe mehr wie ich je dachte. Wenn ich eine Schreibmaschine hätte oder leihen könnte (1 pro ...) könnte ich viel Schreibmaschine lernen, was mir in Deutschland sehr viel nützen würde. Und schliesslich muss ich meinen Aufenthalt-

Brief von Kurt Wolfram Elmenhorst an seine Eltern aus Exeter vom 12. Oktober 1928.

Die Reed Hall des University Colleges in Exeter. (Benjamin Evans)

Studium in England

Ab Anfang Mai 1928 besuchte Elmenhorst das University College of the South West of England in Exeter, um insbesondere die englische Sprache zu erlernen. Er unterschied hier zwischen Sprache und „Unterhaltungsenglisch". In letzterem sah er sich bereits als gefestigt an. Auch den „Slang" beherrschte er bald. Er las „ziemlich schwierige Bücher" und beteiligte sich an Debatten, „wo man sich ja im wirklich guten Englisch üben kann". Er sah dies als Investition in seine Zukunft an: „Ich bin mir bewusst, dass ich soviel arbeiten muss, Englisch zu lernen wie möglich." Dies machte ihm jedoch nach eigenem Bekunden „fabelhaft Spass". Er besuchte Kurse in mittelalterlicher Geschichte, englischer Literatur des 18. und 19. Jahrhunderts, Geographie, Philosophie sowie Sprachkurse für Ausländer. Daneben verfeinerte er seine Kenntnisse an der Schreibmaschine und erlernte an „einer Art Handelsschule" Stenographie und lernte das Land und seine Gewohnheiten kennen. Er freute sich über viele nette Menschen, bemängelte aber: „Das Englische Essen ist ein bischen komisch für uns. Es schmeckt alles anders Kartoffeln z. B. und morgens immer Fleisch zum Frühstück." Doch er berichtete seinen Eltern am 9. Mai 1928 zuversichtlich: „Aber ich habe nie Hunger und werde mich daran gewöhnen." Ungewöhnlich waren für ihn die Mädchen an der Universität: „Es sind viele

Mädchen da, alle wahnsinnig hässlich." Dass er vor Ort der einzige Deutsche war, gereichte ihm doppelt zum Vorteil: „ich rede nur Englisch und kann in Deutsch über jeden Menschen schimpfen ohne dass er weiss was ich sage." Als vorteilhaft sollte es sich später erweisen, dass er sich in Exeter auch im Spanischen übte: So las er ein vierbändiges Werk über die Eroberung Mexikos durch Cortez auf Spanisch. Untergebracht war er in der Reed Hall („Ich habe mit meinem Schwein natürlich die beste Hall erwischt. Wundervoller Park mit unheimlicher Aussicht"). Seinen Eltern präsentierte er sich in einem Brief vom 22. Mai 1928 als fleißiger Student: „Ich lebe [...] durchaus gesund und vernünftig. Mit dem Taschengeld komme ich gut aus." Er berichtete von gelegentlichen Café-Besuchen und dem Trinken von Cider, versprach aber „keine schlimmen Ausschweifungen [...] ausserdem lebe ich nikotinfrei". Seine Eltern hatten hier scheinbar Zweifel und er bekräftigte gegenüber seiner Mutter am 30. Mai 1928: „Ich brauche dir nicht zu versichern, dass ich hier so lebe, wie ich es vor meinem Gewissen verantworten kann, d. h. zu Eurer Zufriedenheit." Sein Semester endete am 30. Juni. Anschließend verbrachte er die Semesterferien in Plymouth im Elternhaus seines Kommilitonen Trigg. Da es ihm als Ausländer verboten war bezahlte Arbeit anzunehmen – gerne hätte er in der Nordseefischerei gearbeitet –, übte er sich weiterhin in Stenographie und Schreibmaschine. Daneben studierte er bei Spaziergängen in der Stadt die englischen Sitten. Er hörte den Straßenpredigern ebenso zu wie kommunistischen Rednern: „Der Kommunismus in England (*ist, d. Verf.*) etwas durchaus lächerliches und unbedeutendes." Jeden Sonntag besuchte er wie schon zuvor in Exeter den Gottesdienst einer anderen Kirche: „Ich versuche also mit möglichst offenen Augen in England zu sein." Als Freund der Marine erfreute er sich am örtlichen Hauptkriegshafen der Royal Navy. Er besichtigte mit der 1927 in Dienst gestellten *Rodney* das modernste Schlachtschiff der Welt, fand aber, dass die deutschen Matrosen viel besser aussehen als die Engländer. Doch auch die zivile Schifffahrt tat es ihm an: So besichtigte er am 26. Juli 1928 die *Ile de France*, den ebenfalls erst ein Jahr zuvor in Dienst gestellten größten Nachkriegs-Passagierschiffsneubau der Welt: „Ein fabelhaft luxuriöses Schiff. Ich habe ziemlich viel von ihr gesehen, alles unheimlich elegant und fabelhaft sauber, wirklich wie ein Hotel, mit Läden und allem was man sich nur denken konnte – sogar eine Kirche!"

Entsprechend seinen Interessen für die Marine beschäftigte er sich in den Semesterferien mit der Geschichte des Seekriegs 1914–1918. So las er bsp. ein Buch über die Schlacht auf der Doggerbank. Daneben standen Bücher zur Geschichte oder poetische Bücher auf dem Programm. Er las „keinen Kitsch wo ich nichts von habe", wie er seinen Eltern schrieb. „Ab und zu lese ich mal französisch." Seine Zeit in Plymouth endete, als im Oktober das neue Semester in Exeter begann. Er beschäftigte sich in diesem mit Geschichte, Alt-Englisch und Nationalökonomie sowie Handelskorrespondenz. Daneben spielte er Rugby, „was mir viel besser wie (*der Salemer Schulsport, d. Verf.*) Hockey gefällt". Vom Lehrpersonal erwähnt er lediglich Professor Jacob Wilhelm Schopp. Dieser war 1871 in Deutschland geborenen worden. Als britischer Staatsbürger lehrte er in Exeter Moderne Sprachen. 1929 unterrichtete er – vermutlich kurz nach Elmenhorsts Zeit in Exeter – den späteren erfolgreichsten deutsche U-Bootkommandanten Otto Kretschmar. Ende Dezember 1928 endete Elmenhorsts zweites Semester in Exeter und er kehrte nach Deutschland zurück.

Erneute Ablehnung von der Reichsmarine

Um doch noch seinen Weg in die Reichsmarine einzuschlagen, sandte er seinen Eltern von Plymouth aus im Spätsommer 1928 einen Lebenslauf und Fotos, damit sie seine Bewerbung bei der Marine einreichen konnten. Ihm war dabei bewusst, dass sein Augenfehler ein Handicap war. Um dieses zu verbessern machte er regelmäßig Übungen. Gespannt wartete er in Exeter auf eine Entscheidung der Reichsmarine. Sehr zuversichtlich war er laut einem Brief vom 30. Oktober 1928[116] jedoch nicht: „Wenn ich, was ja anzunehmen ist, wieder von der Marine abgelehnt werde, kann ich gleich anfangen zu arbeiten [...] Ich habe mich mit Kaufmannslaufbahn ziemlich abgefunden [...]. Es wird wirklich bald Zeit das ich anfange Geld zu verdienen." Seine Zeit in Exeter führte ihn demnach nicht nur zu seinem späteren Beruf, auch fand er dort gefallen an einer Tätigkeit im Ausland: „Mir gefällt es hier in England so fabelhaft dass ich gerne hier später als Deutscher im Ausland arbeiten würde."

„Eine große Chance" – Beginn der Lehrzeit

Nach der erfolgten Ablehnung durch die Reichsmarine – Elmenhorst sollte dies später in einem Brief an seinen Bruder Hinrich vom 23. Oktober 1933[117] nicht mehr mit seinem Augenleiden, sondern mit mangelnder

[116] Dieser Brief ist der letzte erhaltene Brief aus Exeter.

[117] Siehe im Kapitel „Der Bruder: Hinrich Elmenhorst".

Protektion begründen – nahm er eine Lehrstelle zum Groß- und Außenhandelskaufmann bei Eduard Ringel & Co. in Hamburg an.[118] Das 1818 gegründete Unternehmen war ein „Einfuhr- und Ausfuhrgeschäft" wie der Import- und Export damals bezeichnet wurde. Die Geschäftsräume befanden sich im Südseehaus. Zu den vertriebenen Waren zählten unter anderem Ackerbau-, Forstwirtschafts-, Gärtnerei- und Tierzuchterzeugnisse, die Ausbeute von Fischfang und Jagd sowie Arzneimittel und pharmazeutische Erzeugnisse. Er kam am 26. März 1929 in Hamburg an und fand eine Wohnung in der Isestraße 29 im Stadtteil Harvestehude.[119] Die Witwe, die ihm dort ein Zimmer vermietete, ließ sich von 55 RM auf 50 RM herunterhandeln, weil er so „anständig und unschuldig" aussah, wie er seinen Eltern berichtete. Bei Eduard Ringel & Co. stellte er sich laut einem Brief vom 3. April 1929 bei Geschäftsführer Julius von Engelbrechten vor. Anschließend kam er zunächst in die Import-Abteilung und ließ sich „blödsinnig viel" erklären. Am 3. April stellte er sich dem Teilhaber von Schlubach, Thiemer & Co., Dr. Roderich Schlubach,[120] vor, der mit Harriet Ringel verheiratet und Prokurist bei Eduard Ringel & Co. war. Ihm hatte er seine Anstellung bei Eduard Ringel & Co. zu verdanken, nachdem Elmenhorst bei seiner Bewerbung lediglich seinen Onkel Walter Donner-Elmenhorst als Referenz hatte nennen können. So teilte ihm Roderich Schlubach direkt nach Dienst mit: „Ich habe sie mit Absicht zu Ringel gesteckt, dort lernen sie mehr weil es ein kleinerer Betrieb ist. Sie haben eine grosse Chance, auf sie wird sehr aufgepasst. Wenn sie anständig arbeiten, werden sie was, wenn nicht bleiben sie liegen. Sie heissen Elmenhorst, ich werde sie besonders im Auge behalten, verhalten sie sich dementsprechend. Ich arbeite gerne mit jungen Leuten und wer arbeitet kommt weiter."

---

[118] Eduard Hurry Ringel (1860–1934), der Sohn von Johann Carl Friedrich Eduard Ringel (* 1829) and Mary Anne Ringel, geborene Hurry (1830–1860), machte eine Kaufmannslehre in Hamburg. Anschließend war er in England im Manufakturwaren-Export tätig. Der Inhaber von Eduard Ringel & Co. und Mitglied der DVP war Aufsichtsrat mehrerer Unternehmen. Seine Tochter Harriet heiratete Dr. Roderich Schlubach.

[119] Vor seinem kleinen und ungemütlichen Zimmer – er charakterisierte es als „grenzenlos unsympathisch" – fuhr die Tram bis 2 Uhr morgens und das Haus wurde nie gereinigt, wie er sich anfangs beklagte. Beleuchtung bot lediglich eine Nachttischlampe, die Fenster waren undicht, die Gardine davor schmutzig. Die Ausgussrinne nannte er „widerlich". Um Einsparungen zu erzielen, suchte er nach einem Zimmer „in einer schlechteren Gegend", blieb aber letztlich in der Isestraße 29.

[120] Biographische Angaben und Literaturhinweise siehe im Anhang „Kurzbiographien".

Das 1911 errichtete Südseehaus in der Mönckebergstraße um 1920.

Alltag im Kontor

Stillstand war den Briefen Elmenhorsts zufolge keine Thema in seinem Unternehmen: „Ich arbeite viel. Den ganzen Tag bin ich beschäftigt." Und das von montags bis samstags. Meist begann er morgens um 8.30 Uhr, unter der Woche endete der Dienst meist gegen 19 Uhr, manchmal arbeitete er auch bis 21 Uhr. Samstags endete der Dienst in der Regel um 14.30 Uhr, manchmal erst um 16.30 Uhr. Bereits in den ersten Tagen machte sich bei der Bearbeitung der Post seine Zeit in England bezahlt: „Ich bin heilfroh, dass ich Maschine + Stenographie gelernt habe." Denn ohne diese Kenntnisse wäre er „absolut aufgeschmissen" gewesen. Schließlich war sein Chef „streng und genau". Oft musste er daneben im Hafen Kaffeesäcke und andere Waren testen, Preisberechnungen erstellen und abends die Post versandfertig machen. Daneben übte er sich anhand der im Geschäft vorhandenen Muster in Warenkunde. Er berichtet auch davon, wie er heimlich die Waren von Konkurrenten in Hafenschuppen erkundete. Daneben nahm er bei einem Spanier Privatstunden in Spanisch. Nachdem sich sein Vater darüber beschwert hatte, dass sein Sohn zu selten schreiben würde, gab er seinen Eltern in einem Brief vom 14. Juni 1929 einen Einblick in seinen konkreten Tagesablauf im Kontor:

> „7.15 Aufstehen, Rasieren etc. in die Stadt fahren mit der Elektrischen […] Um 8.22 im Kontor. Dort ist als erstes die gesamte Post aufzumachen, teils dem Chef vorzulegen, Musterpakete auspacken und in die betr. Abteilungen zu bringen etc. Das ging heute nur bis 9.15. Dann muss ich aus der Morgenzeitung mehrere Kurse abschreiben, dann kamen noch einige Rechnungen die geschrieben werden mussten und ausgerechnet. Das geht verschieden lange. Zwischendurch kommen dann Kabel an. Die nehme ich auf, wenn sie an unsere Abteilung gerichtet sind, übersetze sie, schreibe sie auf der Maschine aus. Dann sind kleinere Briefe zu schreiben […]. Um 11h muss ich wieder die Post machen […]. Um 12.45 Essen […], nach dem Essen noch 10 Minuten Luft schnappen […]. Nach dem Essen wurde mir dann diktiert und ich habe dann die Briefe geschrieben was bis um 6.05 dauerte. Dann die Post von meiner Abteilung in Umschläge gesteckt zugeklebt und alle Briefe frankiert. Das ging so bis 7.00. Dann angefangen abzulegen, d. h. die erledigte Post in Ordner hereinlegen – ich habe ungefähr 70 verschiedene Mappen […]. Um 8.15 war das zuende. Dann habe ich noch meinem Chef die Bleistifte gespitzt, den Kalender abgerissen, Fenster zugemacht und um 8.22 das Kontor verlassen. In die Strassenbahn, nachhause gefahren, um 8.50 dort gewesen und Abendbrot gegessen. […] Dies ist nun ein normaler Tag – nie komme ich vor 7 aus dem Geschäft und diese Woche habe ich schon 2 mal bis 9 gesessen. Wenn ich dann nach Hause komme, muss ich erst noch Spanisch ableisten […] – das geht ½ Stunde […], dann noch einen Brief schreiben, das kann man nicht mehr verlangen."

Dementsprechend berichtete er zu dieser Zeit, dass er sich „ziemlich kaputt" fühlte und Sport und die frische Luft vermisste. Immerhin lernte er auch gewisse Geschäftskniffe kennen: So musste er beim Verkauf gesalzener Fischhäute Anfang Juli 1929 darauf achten, dass beim Transport zum Kunden nicht zu viel Salz verloren ging, da die Häute nach Gewicht verkauft wurden. Er freute darüber, dass der „dumme" Abnehmer viel mehr Salz annahm, als er es hätte tun müssen. Gleichzeitig beklagte er sich: „Wenn man nicht wahnsinnig aufpasst, wird man überall bemogelt, mit der Ehrlichkeit ist das bei den meisten Leuten nicht so weit her." „Anschnauzen" durch den Chef gehörte zur Tagesordnung. Das empfand Elmenhorst als gut für das Geschäft, denn „wenn sämtliche Angestellten und

Lehrlinge immer ordentlich angeschnauzt werden für Sachen, die sie eventuell einmal tun könnten, dann kommt nichts vor“, berichtete er am 25. Januar 1930.

Kontakte zu Verwandten

Neben Kontakten im Geschäft kamen Elmenhorst die Beziehungen zu den gut situierten Verwandten und Bekannten der Familie zugute. Er besuchte regelmäßig den Bruder seines Vaters, den Kaufmann Walter Donner-Elmenhorst (1886–1962): „Er und Tante Isa[121] sind furchtbar nett zu mir. Sie helfen mir sehr.“ Regelmäßig berichtet er in seinen Briefen auch von Treffen mit der Familie seines Onkels Kurt Siemers,[122] der mit einer Schwester seiner Großmutter Martha Sophie Elmenhorst verheiratet war. Mangels Urlaub verbrachte er das Weihnachtsfest 1929 und den Jahreswechsel bei Siemers und bei Donners. Von beiden Familien erhielt er Lebensmittelspenden, die ihn über Wasser hielten: Überweisungen und Kosten sind ein stetes Thema der Elmenhorst-Briefe. Neben den üblichen Essen bei Donners sowie Essen und Ausflüge mit Siemers (bsp. zum Tee auf einem der firmeneigenen Dampfer) erlebte er Ende 1929 bei seiner Tante Alice Grasshoff einen Ausflugmit der Kutsche und „Revolverschiessen“. Daneben traf er öfter Hans-Ulrich Grasshoff, den Sohn seines Onkels Curt Grasshoff.

Kontakte zu Salemern

Ebenso zugutekamen ihm ehemalige Schulkameraden aus Salem: „Meine Salemer Freunde sehe ich öfters“, berichtete er am 21. April 1929. Über sie hatte er stets Gelegenheit zu Besuchen und Ausflügen. So machte er bereits zwei Wochen nach seiner Ankunft in Hamburg eine Motorrad- und Segeltour mit Heinz A. Lessing, der sich für ihn noch als schicksalshaft erweisen sollte. Ihn traf er anfangs alle zwei Tage. Einen Monat nach seiner Ankunft in Hamburg berichtete er Kurt Hahn von seinem neuen Leben.[123] Im September 1929 änderte Elmenhorst jedoch sein anfangs

---

[121] Marie Louise (Isa) Donner (1892–1952) war die Tochter des Kaufmanns und Kunstsammlers Henry P. Newman (1868–1917). Siehe in: Busold, Stefanie: Henry P. Newman: Hamburger Großkaufmann und Mäzen, Hamburg 2012.

[122] Biographische Angaben und Literaturhinweise siehe im Anhang „Kurzbiographien“.

[123] Brief von Kurt Wolfram Elmenhorst an Kurt Hahn vom 1. Mai 1929, in: GLA, 69 Baden, Salem, 13 Nr. 128. Aus dem Brief wird an dieser Stelle nicht zitiert, da er nur das zusammenfasst, was er bereits seinen Eltern mitgeteilt hatte.

positives Urteil über Lessing, „der […] nur noch mit Leuten redet die bei Warburgs verkehren und allgemein verdreht ist […] die Sache (*der Verkehr mit ihm, d. Ver.*) wird sich wohl langsam geben." Daneben traf er anfangs Lili Gaedeke. Andere Salemer nannte er nur mit Vornamen, sie sind nicht gesichert zuzuordnen. Dies brachte teils sehr „feine" Gelegenheiten mit sich, bei denen er einen Smoking benötigte und das Essen von Dienern serviert wurde. Daneben erwähnt er zwei Mädchen, Töchter eines verarmten Generalstäblers, ohne ihre Namen zu nennen. Diese schämten sich dafür, dass sie nur wenig Geld hatten, verhielten sich jedoch „snobistisch". Ausführlich berichtet er auch über einen aus Paris stammenden Salemer – ohne diesen mit Namen zu nennen –, mit dem er den Verkehr einstellte, nachdem er ihn besser kennengelernt hatte: Er suchte sich „Abwechslung" auf St. Pauli, was Elmenhorst für sich ablehnte. Anfang September 1929 wurde Elmenhorst mit allen Altsalemern vor Ort von Kurt Hahn zum Mittagessen eingeladen. Kurt Wolfram Elmenhorst erkundigte sich bei ihm insbesondere über seinen Bruder Hinrich. Hahn teilte ihm mit, dass alle sehr zufrieden mit ihm seien und dass Hinrich tüchtig und bei allen beliebt sei. Ende November 1929 erwähnte er ein Treffen mit dem ehemaligen Klassenkameraden Ernst Kauffmann.[124] Er ließ Marina Ewald über seine Eltern ausrichten, dass er oft an Salem dachte und schilderte am 30. November 1929 einen der wenigen Abende, bei denen er „bummelte": „Ich traf einige andere Salemer, es wurde etwas getanzt und war sehr nett. Um ca. 2 h brach man auf, aber wir alten Salemer hatten uns alle seit langer Zeit nicht mehr gesehen und blieben noch ein bischen zusammen und gingen in die Bar vom Esplanade. Es ist das erste mal, das ich ein bischen ‚bummelte' – wir blieben da bis 3 h, tranken etwas […] und gingen dann in einen der vielen Bouillonkeller – dort isst man denn eine obligatorische Hühnersuppe und ist furchtbar doof geworden, lacht über alles und jeden und fühlt sich ganz zufrieden. Aber um 4.30 brachen wir auf und gingen nach Hause." Am 6. März 1930 hörte er sich in Hamburg einen Salem-Vortrag von Kurt Hahn über „Erziehung und Nation" an. Er berichtete seinen Eltern: „Es war sehr fein ihn mal wieder zu hören. Ich bin doch sehr froh dass ich in Salem gewesen bin."

[124] Vermutlich der Sohn des jüdischen Anwalts James Kauffmann (1880–1967).

Kurt Wolfram Elmenhorst (x) beim Rugby-Spiel Ende November 1929.

„Sport muss sein"

„Sport muss ich haben", berichtete Elmenhorst seinen Eltern in seinem ersten Monat in Hamburg, „und zwar in einem anständigen Klub." Onkel Walter Donner riet ihm anfangs dazu in der „Germania" zu rudern: „In diesem Klub sind sehr anständige Leute – genau so gute wie im Flensburger Ruderclub wo die allerfeinsten sind." Doch angesichts der Kosten und seines Mangels an Freizeit unterließ er es beizutreten. Außer gelegentlichem Skullen auf der Alster hatte er wenig bis keine Gelegenheit Sport zu treiben, was ihm sehr zu schaffen machte. Mitte Oktober 1929 hatte er endlich wieder Gelegenheit Rugby („Der schönste aller Sports") zu spielen und Ende November 1929 trat er einem Rugby-Club bei, den einige Engländer und Franzosen mit wenigen Deutschen durch den Anschluss an einen bestehenden „sehr einfachen Verein" gegründet hatten. Für diesen Verein – den Hamburger Sportverein – nahm er Ende November 1929 am ersten Rugby-Spiel teil: Der HSV siegte 18:0 gegen den Bremer Rugby-Club. Mehrere Zeitungen berichteten darüber und Elmenhorst schickte seinen Eltern ein Foto, auf dem er zu sehen war. Für die Rugby-Spiele am Sonntag verzichtete er sogar auf die zuvor so wichtigen Mittagessen bei

Onkel Walter Donner. Denn: „Sport muss sein“, teilte Elmenhorst seinen Eltern Ende November 1929 mit. Ihm fehlte jedoch ein Wald für den Dauerlauf und am 25. Januar 1930 bekannte er: „Das war in Salem zu wundervoll, jeden Morgen Dauerlauf und eine Stunde leichtathletisches Training, das fehlt einem ganz wahnsinnig hier in der Stadt.“ Rugby wurde ihm im weiteren Verlauf des Jahres immer mehr zur Leidenschaft. Um dafür fit zu sein, übte er sich regelmäßig im Dauerlauf auf einem Sportplatz. Im September 1930 besuchte er neben dem Rugby auch einen Boxkurs im Sportverein Polizei. Dort verkehrten zwar „meistens Arbeiter und ähnliches“, aber schließlich fühlte sich Elmenhorst als „sozial veranlagter Mensch“. Nach drei Spielzeiten trat er Ende 1930 aus dem Rugbyclub aus und in den Germania Ruder Club ein. Da er ein Vorstandsmitglied kannte, musste er nur einen verminderten Beitrag bezahlen. Ende 1931 verlagerten sich seine Sportaktivitäten schließlich ganz auf das Angebot des SA-Sturms.

Ernüchternde Monotonie

Im September 1929 machte sich bei Elmenhorst, der täglich lange und hart arbeiten musste und unter der Woche nur Zeit für ein einsames Abendessen, Weiterbildung und Briefe schreiben fand, Ernüchterung breit: „Herrgott, ich bin 19 ½ Jahre alt.“ Er fühlte sich allein und weit weg von zu Hause: „Das hält kein Mensch aus.“ Er empfand sein Leben abseits des Wochenendes als eintönig. Auch war das Leben im „Laden“ nicht angenehm: „Man ist immer der unterste, füllt anderen widerlichen Leuten die Tintenfässer auf, springt auf deren Kommando überall hin, schuftet sich ab.“ Wenn er oder seine Schicksalsgenossen Unkenntnis zeigten hieß es immer: „Gott, diese Lehrlinge“, oder „Sie sind auch zu nichts zu gebrauchen.“ Zusammenfassend bezeichnete er sein Alltagsleben als „verblödende Monotonie“. Das galt natürlich auch für seine Beziehung zum anderen Geschlecht: „Ich bin nie aus zum Tanzen und habe Gelegenheit auf nette Weise mit netten Mädchen zusammenzukommen.“ Dementsprechend brachte er Verständnis für die Menschen auf, die sich „auf nicht nette und anständige Art“ in dieser Hinsicht Luft verschafften. Für ihn kam dies zwar nicht in Frage, er konnte aber nicht sagen wie lange noch: „Es geht einfach nicht mehr lange, man wird verrückt. [...] Ich bin noch nicht reif zur Mumie.“ Um mehr Besuche machen zu können und um eingeladen zu werden, bat er seinen Vater um dessen Frack, da dieser auch im Cut oder in Uniform auftreten konnte: „Man braucht in diesem verrückten Europa mal eben ein besonderes Kleidungsstück für festliche

Gelegenheiten." Er hoffte hier auf seinen Vetter Siemers und seinen eigenen Namen: „Ausserdem heisse ich Elmenhorst. Den Namen kennt jeder. Auf diese Art komme ich dann in die besten und nettesten Häuser." Zugute sollte ihm auch kommen: „Hier herrscht ein chronischer Mangel an jungen Herren, wenn man sich benehmen kann hat man Chancen." Nur wenige Tage später hielt er den Frack seines Vaters in Händen und versicherte dankbar, dass er für Weihnachten und Geburtstag nun „auf nichts reflektiere". Während er diesen umschneidern wollte, erhielt er überraschend einen gebrauchten Smoking von seinem Onkel Kurt Siemers. Mit entsprechenden Socken, Schuhen, Schlips, Kragen, weißen Schal und Hut hoffte er nun „in voller Schönheit wie ein junger Gott" zu wirken. Doch obwohl er von schönen Veranstaltungen berichtete, bei denen er seine neue Garderobe tragen konnte, beklagte er sich bei seinen Eltern im März 1930: „Sehr interessantes passiert hier ja nicht, ich komme mir manchmal wie ein Einsiedler oder ein Mönch vor, also ziemlich alleine."

Weltwirtschaftskrise

Die Auswirkungen des New Yorker Börsencrashs im Oktober 1929 bekam Elmenhorst schnell zu spüren: „Die Geschäfte gehen schlecht". So hatte sein Onkel Walter Donner[125] Sorgen und Elmenhorst berichtete seinen Eltern in einem Brief vom 1. November 1929 von Firmen, die in Schieflage geraten oder bereits Pleite gegangen waren: „In dieser Woche hat eine grosse Kaffeefirma Pleite gemacht, der Chef hat verspekuliert und sich erschossen." Wenige Wochen später musste er zur Kenntnis nehmen, dass sich auch die finanzielle Lage seine Eltern sehr verschlechtert hatte, so dass diese sogar darüber nachdachten Hinrich auf die Staatsschule in Überlingen zu senden. Kurt Wolfram Elmenhorst suchte nun nach Möglichkeiten zu sparen. Da er aber ohnehin auf Zigaretten und weitgehend auf Alkohol und Kino verzichtete, waren diese gering. Als einzigen Luxus gönnte er sich am Monatsende ein spanisches oder französisches Buch, wenn er noch 3-4 RM übrig hatte. In Hamburg spitzte sich die Lage seiner Branche zu: „Die Pleiten mehren sich von Tag zu Tag, es wird immer schlimmer." Auch sein Großonkel John Percival Elmenhorst musste die

[125] Einige Jahre später sollte Walter Donner Elmenhorsts Eltern um Geld betrügen, was in den Briefen von Kurt Wolfram Elmenhorst jedoch nicht näher erläutert wird. Demensprechend zeigte sich Elmenhorst über den sozialen Abstieg seines Onkels im August 1933 erfreut: „Dass Onkel Donner jetzt kleiner Prolet von Buchhalter geworden ist, freut mich offengestanden."

von ihm im Januar 1929 übernommene und gemanagte Bank Horstman & Co. Ltd. in London schließen. Elmenhorst begann sich nun Sorgen um seine Zukunft zu machen: „Hoffentlich bekomme ich später mal eine Stelle – ins Ausland kommen ist wahnsinnig schwer.“

Neue Aufgaben

Anfang Februar 1930 bekam Elmenhorst nach zehn Monaten in der Import-Abteilung eine neue Aufgabe: Er wurde in die Buchhaltung versetzt: „Ich schreibe die Schecks aus, ziemlich langweilig, lege ab, aber lange nicht so viel abzulegen wie in der Import Abteilung welche die mit Recht so berühmte Portokasse und das Bankbuch – d. h. das Buch in dem die Geld Ein- und Ausgänge auf unserem Bankkonto verbucht werden. Ausserdem etwas Korrespondenz, also ganz interessant. Der Buchhalter erklärte ihm alles, was er über Restkonto, Lombardierungen, Diskont, Call Money, die „Kniffligkeiten“ der doppelten Buchführung etc. wissen musste: „Sehr interessant, sehr wichtig, man muss immer aufpassen und sich immer zusammennehmen.“ Herausfordernd war besonders der 1. im Monat, an dem die Bücher abgeschlossen wurden: „D. h. man macht einen Strich unter das ganze, zieht den Saldo – die Differenz zwischen Soll und Haben, entweder zu Gunsten oder Ungunsten – und trägt ihn vor den nächsten Monat.“ Die Rechnung nahm Stunden in Anspruch: „Eine Mordsarbeit“, wie er bekannte. Freude bereitete ihm hingegen der Einkauf von Devisen. Hierfür telefonierte er mit Banken, um den günstigsten Preis zu erfahren. Sobald dieser bekannt war, versuchte er den Preis zu drücken. Was oft gelang. Der Ertrag war aber nicht immer bedeutend: „Neulich z. B. kaufte ich Lire gegen London, da drückte ich auf einige Punkte den Mann herunter, war wahnsinnig stolz und nachher rechnete ich nach, dass ich eventuell 60 Pfennig gespart hätte.“ Und obwohl er die Buchhaltung als kompliziert ansah, sah er seine Tätigkeit dort positiv, da er sie als „Schulung zum logischen Denken“ betrachtete.

Ab September 1930 arbeitete Elmenhorst in der Abteilung Südamerika-Export. Dort „fakturierte“ er spanische Rechnungen und kümmerte sich um Konsulatsfakturen („eine bestimmte Art Rechnung, sehr kompliziert“). Er sah den Wechsel von der Buchhaltung in die neue Abteilung als positiv an, da er sicher war erneut viel zu lernen.

Im November 1930 wechselte er zur Bearbeitung von Offerten. Hierfür suchte er nach den Anfragen der Firmenvertreter nach Waren bestimmter Qualität zum besten Preis. Zu diesem Zweck lernte er zahlreiche

Artikel verschiedener Branchen kennen, korrespondierte und verhandelte in deutsch, englisch, spanisch und französisch: „Es macht ungeheuer viel Spass, ich hätte mir nie vorgestellt dass es so interessant werden würde." In der Folge erzählte er seinen Eltern nur noch mit Standardsätzen über die viele Arbeit im Geschäft von seiner Lehrzeit. Inhaltlich berichtete er ihnen nicht mehr davon. Erst Ende November 1931 teilte er ihnen lediglich mit, dass er nun in der Import-Abteilung arbeitete.

Zukunftssorgen

Er versprach sich dort „kräftig ranzuhalten", denn er ging davon aus, dass seine Lehrzeit Ostern 1932 vorzeitig enden würde: „Wer weiss, wenn Ostern die Konjunktur gut ist, und ich fürchterlich viel Schwein habe etc. dann besteht eventuell der Schatten einer Hoffnung, dass ich nicht gleich anschliessend stempeln brauche!" Auch im Februar 1932 konnte er sich hinsichtlich seiner Zukunft nicht zuversichtlich geben: „Die Zeiten sind ja so verdammt schlecht." Mit einer Anstellung in seinem Betrieb im Anschluss an die Lehrzeit war nicht zu rechnen. Überhaupt war er der Ansicht, dass nur Protektion zu einer Stelle verhelfen könnte. Doch selbst sein Onkel Kurt Siemers konnte ihm hierbei nicht helfen, da er seine eigenen Söhne nicht unterbringen konnte. So kümmerte sich Elmenhorst intensiv um eine Anschlussstelle. Seinen Eltern teilte er Mitte März 1932 jedoch resigniert mit: „Es hat blutwenig Zweck. Hier liegen Leute auf der Strasse, die 5-6 Sprachen können, in allen Ländern gewesen sind, alle möglichen Branchen aus dem ff können etc." Für eine mögliche Übergangszeit nach der Lehre war er aber guter Dinge, da er diese mit Weiterbildung oder freiwilligem Arbeitsdienst gestalten wollte: „Auf den Hund kommen werde ich schon nicht." Nach Ende seiner Lehrzeit blieb er schließlich ab April 1932 drei Monate lange auf Honorarbasis in seinem Lehrbetrieb. Etwas Festes war dies jedoch nicht: „Ob ich angestellt bin, weiss ich selber nicht." Mit der Unsicherheit war es Ende Juni 1932 zu Ende: Angesichts der schlechten wirtschaftlichen Lage konnte ihn Eduard Ringel & Co. nicht weiterbeschäftigen. Elmenhorst erhielt ein erstklassiges Zeugnis, musste sich jedoch arbeitslos melden und „Stempelgeld" beziehen.

Auf der Suche nach der politischen Heimat

Elmenhorsts altersbedingte Suche nach der eigenen politischen Heimat und die Hoffnung auf den richtigen Weg in die Zukunft fiel in eine bewegte Zeit: Mitten in der Weltwirtschaftskrise mit ihren Millionen von Arbeitslosen beschäftigte er sich mit den politischen Fragen und den möglichen Antworten seiner Zeit. Als Sohn eines Offiziers und Schüler einer nationalen Schule klang in seinen Briefen ab und an patriotisches Gedankengut durch. Dass dieses nicht nationalistisch oder gar chauvinistisch war, zeigt seine Zeit in Exeter mit seinem großen Interesse am Ausland und an fremden Sprachen. Er hätte es sich sogar vorstellen können dort zu leben und betonte noch im Oktober 1930 den kameradschaftlichen Ton, welcher zwischen Engländern und Deutschen im Rugby herrschte: „Die Nationen werden nie in irgendeinen Gegensatz gebracht und es ist (*im Club, d. Verf.*) tatsächlich echter ‚Völkerbund'." Den aufkommenden Nationalsozialismus thematisiert erstmals ein Brief an seine Eltern vom 26. April 1930. Elmenhorst verbrachte zu dieser Zeit die Ostertage bei seinem Onkel Curt Grasshoff in Steinfeld. Dort traf er auf Karl Taegert, einen Freund seines Cousins Hans-Ulrich Grasshoff. Elmenhorst bezeichnete Taegert als „glühenden Nationalsozialisten", mit dem er sich im Rahmen einer politischen Debatte über das Thema „Wie rettet man das Vaterland?" stritt. Gemeinsam mit seinem Cousin nahm Elmenhorst dabei die Gegenposition zum Nationalsozialismus ein: „Wir warfen den Nationalsozialisten vor: was habt ihr bisher getan, was erreicht, habt ihr irgendetwas getan ausser Reden und Klamauk machen?" Taegert antwortete mit „Aber wenn wir erst mal…", woraufhin Elmenhorst und Grasshoff antworteten: „Mit ‚wenns' kommt man doch nicht weiter, man muss sich auf den Boden der realen Tatsachen stellen." Als besiegte Nation könne man derzeit ohnehin nichts unternehmen. „Aber wenn wir einig sind!", warf Taegert ein. Elmenhorst und Grasshoff reagierten: „Wer will uns denn einigen – ihr etwa, die ihr euch nicht einmal selbst einigen könnt, Leute die nicht mal in ihrer Starrköpfigkeit eine Anzahl von Leuten zusammenhalten können, wollen eine Nation einigen?" Laut Elmenhorst endete die Debatte schließlich ohne Ergebnis. Dieses „Politisieren" war zum damaligen Zeitpunkt noch nicht nach dem Geschmack von Elmenhorst, wie er seinen Eltern am 28. Juni 1930 mitteilte. Eher „notgedrungen" befasste er sich mit politischen Debatten. Das änderte sich kurz darauf im Vorfeld der Reichstagswahlen von 1930. Er besuchte zahlreiche Wahlversammlungen, wie am

10. September berichtete: „Bei den Sozialdemokraten – Severing – ziemlich dumme Hetz- & Wahlrede, aber gut geredet, Staatspartei, die hier dollen Klimbim macht und sich die Wahlen eine ganze Stange Geld kosten lässt. Dann bei der Deutschen Volkspartei, v. Kardorff, hat sicher interessant und überzeugend gesprochen, ein feiner und vornehmer Parlamentarier und dann bei Hitler, der übrigens sehr unsympathisch aussieht, aber trotzdem fabelhaft spricht." Elmenhorst hatte noch nie einen so vollen Saal gesehen. Diese Erfahrungen und die Ereignisse rund um die Reichstagswahl bewirkten bei ihm scheinbar ein politisches Erwachen: Anfang November teilte er seinen Eltern mit, dass er der NSDAP[126] und der SA[127] beigetreten war: „Das ist kolossal interessant man lernt eine ganze Masse und es macht grossen Spass, ausserdem werden die Kommunisten und das Reichsbanner hier in Hamburg so ekelhaft das man diesen Leuten mal was tun muss." Seine Eltern waren prinzipiell gegen seinen Beitritt zur NSDAP und zur SA. Elmenhorst blieb jedoch „ebenso prinzipiell" Mitglied. Gegenüber seinen Eltern begründete er seine Mitgliedschaft in einem Brief vom 6. Dezember 1930 mit seiner antikommunistischen Haltung und Vorbehalten gegen die Sozialdemokratie. So sah er Forderungen wie die nach einem 7-Stunden-Tag mit vollem Lohnausgleich als Demagogie an. Er war der Ansicht, dass die Hamburger Kommunisten von Moskau finanziert würden, sah sie aber als gut organisiert an und fürchtete, dass Kommunisten und Sozialdemokraten dass erreichen könnten, was sie 1919 „dank Ehrhardt" nicht erreicht hatten: „Und deswegen muss man sie natürlich bekämpfen […] und das tut nur Hitler – denn er ist der einzige der nicht nur den Leuten klarmachen kann wie unsinnig und schädlich Marxismus und Kommunismus ist sondern ihnen noch eine bessere Weltanschauung vermittelt – denn eine Weltanschauung und Idee […] kann man nicht nur mit dem Gummiknüppel bekämpfen, sondern nur mit einer besseren Idee". Insbesondere den Klassenkampf sah er als Unsinn an. Dafür, dass Arbeiter, Angestellte und „Gentleman" gemeinsam für eine Sache kämpfen könnten, sei die SA das beste Beispiel. In ihr wollte er sich aktiv für den Nationalsozialismus einsetzen.

Sein SA-Dienst im Sturm 93 fand mehrfach wöchentlich abends statt. Sonntags veranstaltete die SA Ausmärsche, bei Wahlen nahm er an – teils illegalen – Plakatierungen und beim Schutz von Veranstaltungen

[126] Laut dem Mitgliedskarteiblatt (Mitgliedsnummer 402393) von Elmenhorst (BArch R 9361-VIII Kartei / 8030393) wurde er ab 1. Dezember 1930 als NSDAP-Mitglied geführt.
[127] Laut Mitteilung des Bundesarchivs vom 21. September 2022 ist dort kein SA-Mitgliedskarteiblatt von Elmenhorst vorhanden.

teil. Elmenhorst wollte kein einfacher SA-Mann bleiben, wie er in einem Brief am 6. Dezember 1930 erklärte: „Ich will [...] bald avancieren und werde mich erst mal zu einem Gruppenführerausbildungskurs melden." Bereits im Januar 1931 erfüllte sich sein Wunsch: Er wurde zum Gruppenführer ausgebildet. Daneben las er Zeitungen und politische Revuen „von ultralinks bis ultrarechts". Denn: „Wenn man den Gegner bekämpfen will muss man ihn erst genau kennen." Zu seinem eigenen Entsetzen verlagerte sich sein Privatinteresse von schöner Literatur und Sport auf Politik und politische Philosophie. Praktisch tätig war Elmenhorst am 9. Februar 1931, als seinem SA-Sturm eine Fahne übergeben und geweiht wurde. Am Tag darauf empfing die Hamburger SA die NSDAP-Reichstagsabgeordneten am Bahnhof: „Riesige Menschenmengen, grosser Krakehl, die Abgeordneten wurden auf Schultern eine Strasse heruntergetragen." Da solche Ansammlungen verboten waren, schritt die Polizei ein und „gummiknüppelte etwas". Die SA reagierte mit dem Absingen von „Deutschland, Deutschland über alles" und blieb ruhig stehen. Die Polizei habe sich dadurch „moralisch gehemmt" gefühlt und stoppte das Vorgehen mit dem Gummiknüppel. Nach der Rede eines Abgeordneten ging die Menge auseinander. Elmenhorst war sicher, dass dies bei den Kommunisten anders abgelaufen wäre, „aber wir können uns eben benehmen und so ging alles glatt".

Nachdem die *Hamburger Volkszeitung* dazu aufgefordert hatte, anlässlich einer NSDAP-Versammlung mit Landesminister Anton Franzen am 12. März 1931 die „Arbeitermörder und Faschistenhunde" zu verprügeln, hatte Elmenhorst im Rahmen der SA für den Saalschutz zu sorgen. Die Wege zur Veranstaltung waren den bis zu 150 SA-Männern, mit denen er anmarschierte, jedoch durch 2.000 bis 3.000 Mann der „Kommune" versperrt. Er und seine Kameraden wurden trotz fehlender Uniform als SA-Männer erkannt und ihre Gegner begannen den Trupp langsam zu infiltrieren, um ihn dann zu „sprengen". Da kam ihnen die Polizei zu Hilfe und „säuberte" die Straße mit dem Gummiknüppel. Nachdem ihre Gegner vor der Polizei geflohen waren, traten die Polizisten vor den SA-Trupp und forderten die Männer dazu auf die Straße zu verlassen. Die SA-Männer sagten laut Elmenhorst daraufhin: „Lassen Sie uns in Ruhe, wir verhalten und ruhig, wir sind S.A." Daraufhin steckten die Polizisten die Gummiknüppel ein: „Ist ja SA". Sie baten die SA-Männer lediglich darum, sich ruhig zu verhalten. Da sie Order hatten sich auf der Straße den Anweisungen der Polizei nicht zu widersetzen, stimmte die SA dem zu. Laut Elmenhorst war die Hamburger Polizei im Allgemeinen für die SA sehr eingenommen. Nachdem die Straße von ihren Gegnern gesäubert worden war, bildete die SA eine Kette vor dem Versammlungslokal. Den Saal selbst sicherte die SS: „Unsere Elite-Truppe“, so Elmenhorst.

Ausmarsch zur praktischen Ausbildung der Hamburger SA im Sommer 1932 (Kurt Wolfram Elmenhorst vermutlich in der 2 Reihe, 1. von links).

Wahlhelfer 1931/32

Seine Tätigkeit für die SA musste Elmenhorst Ende März 1931 wegen eines Ischias-Leidens zunächst beenden. Nach einer mehrwöchigen Reha-Maßnahme in Krozingen im Sommer 1931 kam er langsam wieder zu Kräften. Dennoch hatte sein Ischias-Leiden Auswirkungen auf sein Verhältnis zum Nationalsozialismus, wie er seinen Eltern im September 1931 berichtete: „Wenn ich noch gesund wäre, dann sässe auch ich schon in der SS [...] alle meine alten Freunde aus dem Sturm sind jetzt drin.“ Seinen Dienst versah Elmenhorst ab September 1931 vermehrt im Innenbereich. Außendienst kam für ihn nur bei gutem Wetter in Frage. Dennoch nahm er anlässlich der Hamburger Bürgerschaftswahl an sechs Fackelzügen, Saalschutz und einem großen Propagandamarsch mit 9.000 Nationalsozialisten teil: „Die Fackelzüge machten einen kolossallen Spass. Vor allem in Elmsbüttel, das ist ein ziemlich rotes Viertel.“ Laut Elmenhorst hingen dort Transparente mit Inschriften wie „Keine Stimme den Nazimördern“, sowie Sowjetsterne mit und ohne Bildnisse von Lenin. Begeistert berichtete er auch von einem SA-Marsch durch Rothenburgsort am Freitag vor der Wahl: „Wir zogen […] los mit unseren Fackeln, entrollten Fahnen der Standarte. Die Leute tobten wie wahnsinnig ‚Nazi, verrecke‘, ‚Lausejungens‘, ‚Bambusen‘, ‚Arbeitermörder‘, ‚Faschistenhunde‘ und ähnliches mehr.“ Steine flogen, Benzin wurde in Richtung der Fackeln gegossen, doch es gab wohl nur wenige Verletzte. Am Samstag vor der Wahl verteilte er in der Gegend um das SA-Sturmlokal Flugblätter. Da dies illegal war – was er zu diesem Zeitpunkt nicht wusste –, wurde er von der Polizei aufgegriffen und zur Wache gebracht. Er wurde vorläufig festgenommen und verbrachte die Nacht in einer Zelle. Am nächsten Tag kam er für einige Stunden ins Untersuchungsgefängnis. Im Anschluss fuhr er seinen SA-Dienst wegen seiner weiter bestehenden Ischias-Probleme herunter: Er wurde zwar weiterhin in den Listen geführt, doch verrichtete er nur hin und wieder Innendienst. Sein Interesse an Politik war aber nicht abgeebt, wie er seinen Eltern am 28. November 1931 mitteilte: „Ich […] habe etwa 15 verschiedene ‚nationalrevolutionäre‘ Gruppen ausfindig gemacht, mit denen ich mich beschäftige. Sachen, die nichts mit Politik zu tun haben, interessieren mich nicht mehr.“ Da die SA die Sportausbildung ab 1932 intensivierte, beendete Elmenhorst seine Mitgliedschaften in „bürgerlich-reaktionären Sportverbänden“. Und dies wurde belohnt: Im Februar 1932 wurde er zum SA-Scharführer befördert. Anlässlich des Wahlkampfs vor der Reichspräsidentenwahl im März 1932 machte er eine neue Erfahrung: Als er mit SA-Leuten auf Kommunisten losgehen wollte, wurde er von Polizisten mit vorgehaltenem Revolver aufgehalten: „Gemeines Gefühl, wenn man unbewaffnet ist und einer sieht einem aus 5 Meter Entfernung mit einem nackten Revolver an.“ Erfolgreicher war Elmenhorst beim Kleben von Plakaten und dem Verteilen von Flugblättern: Sowohl die Polizei als auch die Kommunisten hinderten ihn nicht bei seinen nächtlichen Aktivitäten. Die Wahl brachte jedoch nicht das erhoffte Ergebnis. Sein weiterer Dienst wurde durch das SA-Verbot im April 1932 erschwert. Zu diesem Zeitpunkt wohnte Elmenhorst bereits in einem günstigen SA-Heim, das er im Hinblick auf den Verlust seiner Einnahmen im Anschluss an die Lehrzeit bezogen hatte. Das Verbot ließ die SA-Männer bei einem anschließenden Propagandamarsch Lieder singen wie „Die Republik so‘n Schiet, die soll der Teufel holen“. Die Schikanen der Polizei fanden er und seine Kameraden unangenehm: „Dass macht einen so unheimlich staatsbejahend“, teilte er seinen Eltern ironisch mit. Er blieb aktiv und beteiligte sich als Wahlhelfer auch an der Reichstagswahl im Juli 1932. Er und seine Kameraden klebten Plakate, mehrfach saß er deswegen auf Polizeiwachen ein. Angesichts der Meldungen über die gewalttätigen Auseinandersetzungen am „Altonaer Blutsonntag“ vom 17. Juli 1932 informierte er seine Eltern kurze Zeit später, damit sich diese nicht ängstigen sollten: „Ich bin nicht dabei gewesen.“ Zu dieser Zeit war er Ausbilder in der Kaserne der Standarte 76 in Halstenbek. Dies hatte für ihn den Vorteil, dass er sich fit halten und angesichts seiner Erwerbslosigkeit günstig leben konnte. Die Ausbildung, die er organisierte, beinhaltete Wehrsport, Exerzieren und Geländedienst sowie Schießtraining. Trotz seiner Begeisterung für die SA und deren Einsatz bekannte er gegenüber seinen Eltern Mitte August 1932: „Es ist eine ganz verrückte Zeit. Ich möchte blos mal wieder wissen, wie man die SA später wieder ins ruhige und bürgerliche Leben zurücklenken will. Das wird noch eine schöne Arbeit für den Staat werden.“

Revolutionäre Haltung

Elmenhorst beschäftigte sich laut seiner Briefe von Ende 1931 bis Anfang 1932 intensiv mit Politik. Dies sollte Auswirkungen auf sein politisches Weltbild haben. Als wichtige Probleme bezeichnete er in einem Brief an seine Eltern vom 26. Februar 1932: Staatsauffassungen, Sozialisierungen, Privateigentum, Geschichtsforschung, Rassehygiene und Geopolitik. Eine „schablonenmäßige ‚Partei als tote Organisation‘“ hielt er für unwichtig, vielmehr kam es für ihn auf die „revolutionäre Haltung“ an: „Alles was man tut muss man nach dem Gesichtspunkt beurteilen: trägt es zur Revolution bei oder nicht.“ Obwohl auch die KPD die Revolution wollte, war ihm die NSDAP sympathischer, „weil sie für den späteren Aufbau die konkreteren Ziele resp. Grundsätze gewährleistet“. Als beiden Parteien gemeinsam sah er die Negierung des Individuums als „primäres Organ der Gesellschaft“ an. Die NSDAP setzte an dessen Stelle eine Gemeinschaft, entwickelt aus Familie, Volk und Sippe „biologisch wissenschaftlich belegt durch Rasseforschungen“. Wichtig war ihm neben der revolutionären Grundhaltung auch „ein totaler und unbedingter Aktivismus“. Hierfür sollte man auch bereit sein im „Entscheidungskampf auf der Strasse“ den eigenen Kopf hinzuhalten. Die Entscheidung erwartete er aus der Konfrontation zwischen „den Alten in Vorkriegsvorstellungen befangenen“ und der Kriegs- und Nachkriegsjugend. Letztere repräsentierte die NSDAP:

„Wir können uns an die guten Vorkriegszeiten absolut nicht mehr erinnern. Deswegen ist die Frage Republik/Monarchie für uns vollständig gleichgültig." Das Privateigentum sah er nicht als „Grundpfeiler der menschlichen Gesellschaft" an. Auch sagte ihm bürgerliche Moral und kirchenchristliche Ethik nichts. Das Individuum sah er erst in dem Moment als von Wert an, in dem es sich in die Gemeinschaft einordnet: „Wir wollen die Herrschaft des tüchtigen Menschen." Als tüchtig sah er den an, der ohne persönlichen Nutzen führen konnte. Er hoffte im Zuge der Reichspräsidenten- und der Preußenwahl auf den baldigen Beginn der Revolution, glaubte jedoch nicht, dass Hitler „durchkommt", denn er sah in Deutschland zu viele „Spiesser", die in Hindenburg den Repräsentanten des Deutschlands des Weltkriegs sahen.

Kontakt zu Hanns Ludin

Mitte 1931 ergab sich für Elmenhorst der Kontakt zu Hanns Ludin, der für ihn schicksalhaft hätte werden können. Ludin war wegen NS-Zellenbildung in der Reichswehr 1930 zu Festungshaft verurteilt und am 6. Juni 1931 nach Begnadigung entlassen worden. Anschließend nahm er an der NS-Werbung im Bodenseegebiet teil und sprach unter anderem am 14. Juni in Überlingen. Elmenhorsts Eltern berichteten ihrem Sohn darüber. Dieser schrieb ihnen am 18. Juni 1931: „Das ich Ludin nicht kennen gelernt habe ärgert mich natürlich geradezu wahnsinnig." Kurz darauf wurde Ludin Führer des SA-Gausturms Baden. Bis zur „Machtergreifung" war er in Baden Schriftleiter, Politischer Leiter und Redner. Nachdem sich Ludin Ende Oktober 1931 wieder am Bodensee angesagt hatte, teilte Elmenhorst seinen Eltern mit: „Ich beneide Euch ja, dass Ihr in öfter zu sehen bekommt, er ist doch ein ziemlich hohes Tier." Elmenhorst war berichtet worden, was für einen „fabelhaften Schliff" Ludin in die SA Karlsruhe gebracht hatte. Zu diesem Zeitpunkt musste Elmenhorst Ludin bereits kennengelernt haben, denn er richtete seinen Eltern aus: „Wenn er sich meiner noch erinnern sollte grüsst ihn doch bitte vielmals von mir." Wenige Tage später traf Elmenhorst während einer neuerlichen Reha in Krozingen auf Ludin: „Der feinste Kerl, den ich je getroffen habe." Auch seine Eltern hatten persönlichen Kontakt zu Ludin, wie dieser zustande gekommen war, geht aus Elmenhorsts Briefen nicht hervor.[128] Nachdem er im Juli

[128] Laut dem Gästebuch der Elmenhorsts war Erla Jordan vor ihrer Ehe an Ostern 1932 zu Gast bei Elmenhorsts in Überlingen. Mit ihrem Mann war sie vom 21. bis 24.

1932 arbeitslos geworden war, zog es Elmenhorst in Erwägung, sich Ludin anzudienen: „Vielleicht kann mich Ludin […] gebrauchen, […] so als Adjutant oder Sachbearbeiter beim Stabe hätte man schon ein ganz interessantes Leben.“ Er bat Ludin darum, ihn in der Reichsführerschule unterzubringen. Bevor es dazu kommen konnte, entschied sich Elmenhorst jedoch für eine Emigration nach Guatemala. Zum letzten Treffen zwischen Ludin und Elmenhorst kam es Mitte Oktober 1932 im Haus seiner Eltern. Dort trug sich Elmenhorst mit den Worten in das Gästebuch ein: „Das letzte Mal zuhause vor der Abreise nach Guatemala.“ Dort angekommen resümierte er bereits Anfang Januar 1933: „Ich habe durchaus die Hoffnung dass ich besser getan habe hierher zu kommen als bei Ludin Ausbilder zu werden.“ Nachdem viele seiner alten Bekannten „hohe Tiere“ geworden waren, grämte er sich im November 1933 jedoch: „Vielleicht wäre ich jetzt auch ein besseres Tierchen, so im Stab von Ludin, mit hochroten Spiegeln und vielleicht zwei oder drei Sternen?“ Der Gedanke an seine Möglichkeiten im Deutschen Reich unter der neuen Regierung ließen ihn jedoch nicht los und er thematisierte es in seinen Briefen immer wieder. So schrieb er am 15. Mai 1934: „Schade dass ich herübergegangen bin, dann sässe ich jetzt sicher irgendwie bei Ludin, brauchte mich nicht zu ärgern dass ich Zivilist wäre, und hätte vielleicht Karrieremöglichkeiten.“ Immerhin hoffte er vor Ort auf einen weiteren Aufstieg, da keine weiteren deutschen Angestellten mehr in Guatemala einreisen durften. Dass Ludin zu seiner Mutter im April 1934 gesagt hatte, dass er wieder zurückkehren solle, er würde ihm eine Laufbahn garantieren, teilten ihm seine Eltern erst im August 1934 mit. Er reagierte empört: „Das ist doch lebenswichtig, einem so etwas mitzuteilen.“ Wie sehr der Kontakt auch später noch für Gedankenspiele Elmenhorsts diente, teilte er seinen Eltern im November 1935 mit, nachdem diese erneut von Ludin besucht worden waren: „Weisst Du, worauf ich mich spitze, ist kolonialer Verwaltungsdienst. Aber das dauert noch ein Weilchen, aber das wäre eine feine Sache. Und da können sie Auslandsdeutsche sicher zu gebrauchen.“ Elmenhorst war also zuversichtlich, dass Deutschland wieder Kolonien erhalten würde.

September 1932 zu Gast bei Elmenhorsts. Dort hielten sie sich auch vom 10. bis 31. Oktober 1932 und am 11./12. September 1933 auf.

Der Blick aus der Ferne

Nach seiner Emigration war es für Elmenhorst schwierig, sich über die Ereignisse in Deutschland auf dem Laufenden zu halten. Ihm stand nur ein Bruchteil der Quellen zur Verfügung wie zuvor in Hamburg. Auch erfuhr er am „Rand des Urwalds" vieles erst mit einiger Verspätung. Die „Machtergreifung" vom 31. Januar 1933 kommentierte er gegenüber seinen Eltern nur mit dem Hinweis darauf, dass ein Kabinett aus Hitler, Papen und Hugenberg – Max Elmenhorst hielt es mit den alten Eliten, seine Frau war Mitglied der NSDAP – zum politischen Frieden bei den Eltern beitragen würde: „Jetzt kannst du dich ja auch politisch mit Pappi wieder vertragen." Das politische Verhältnis zu seinem Bruder Hinrich schien den wenigen vorhanden Briefen an ihn nach zu urteilen besser, als das seiner Eltern. Zumindest legte Kurt Wolfram über Seiten hinweg seine politischen Ansichten an Hinrich auch von Guatemala aus dar. Er pries darin die Gemeinschaft von Kameraden und einem Führer an und stellte ihr den bürgerlichen Menschen gegenüber, für den „eine Gemeinschaft nur ein Zweckverband zur Erzielung grösstmöglicher Rentabilität für jeden einzelnen" bedeute. In der bürgerlichen Gesellschaft würden Menschen nur nach Herkunft oder Vermögen beurteilt. „Persönliche Tüchtigkeit, Anständigkeit, Selbstaufopferung einer Gemeinschaft zuliebe" kämen hier nicht zur Geltung. Selbst im Krieg würde das „ICH" über Schiebungen und Kriegsanleihen über dem Vaterland stehen. Der bürgerliche Mensch würde sich zwar national nennen, sei jedoch vom sich bewusst nationalistisch nennenden „Gemeinschaftsmenschen" grundverschieden. Für diesen stehe das Volksganze im Vordergrund. Da er der Ansicht war, dass sich das Deutsche Reich nun in diese Richtung entwickeln würde, eröffnete er am 2. April 1933 gegenüber seinen Eltern: „Politisch ist ja alles ganz erfreulich." Was in Deutschland jedoch genau vor sich ging, konnte Elmenhorst vor Ort nicht abschätzen. Nachdem ihn seine Eltern über die aktuellen Ereignisse in Kenntnis gesetzt hatten, reagierte er am 23. April 1933: „Da ist ja allerhand los gewesen und dass ich mitunter recht traurig bin dass ich die Revolution nicht mitmachen durfte lässt sich ja denken."

Nationalsozialismus in Guatemala

Den Nationalsozialismus erlebte er in Guatemala anders als seine Eltern in Deutschland. Die Auslandsorganisationen der NSDAP (AO) hatten laut Mary Kreuzter bereits vor der „Machtübernahme" 1933 Stützpunkte in Lateinamerika errichtet. Das Interesse der Nationalsozialisten galt der

Rohstoffsicherung, der Gewinnung örtlicher Regierungen für politische Bündnisse und der Organisation der Auslanddeutschen. Zugute kam es der 1932 gegründeten NSDAP AO in Guatemala, dass dessen Diktator Jorge Ubico als Bewunderer der italienischen Faschisten, der spanischen Falangisten und er Nationalsozialisten galt. Die NSDAP AO richtete mit dem Deutschen Haus eine Parteizentrale ein. Dort trat sie am 1. Mai 1933, dem „Tag der nationalen Arbeit", erstmals öffentlich auf. Weitere Veranstaltungen und Feste waren die Geburtstage des „Führers", Filmvorführungen, Kameradschaftsabende, NS-Männerchor, Tanzabende, Veranstaltungen des NS-Organisation Kraft durch Freude, Vorträge prominenter Nationalsozialisten, Sammlungen für das Winterhilfswerk, Gründung der Arbeitsgemeinschaft der Deutschen Frau in Guatemala, Berufsgruppen, Erntedankfeste etc.[129] Mit ihrem radikalen Auftreten stießen die Nationalsozialisten in Guatemala – etwa 10 Prozent der Deutschen vor Ort waren Mitglied der NSDAP AO – auf Ablehnung bei den alteingesessenen Deutschen und als sie versuchten, die deutschen Institutionen unter ihre Kontrolle zu bringen, kam es laut Christiane Berth zu heftigen Auseinandersetzungen. Die guatemaltekische Regierung war zunehmend besorgt über die Aktivitäten der NSDAP AO. Auf Druck der USA erklärte Guatemala dem Deutschen Reich am 11. Dezember 1941 den Krieg, 558 Deutsche in Guatemala wurden in Lagern in den USA interniert. Deutscher Besitz wurde 1944 in Teilen enteignet und verstaatlicht.[130]

Bewusst hielt sich Elmenhorst nach Möglichkeit von den Nationalsozialisten in Guatemala fern, für die er in seinen Briefen wenig schmeichelhafte Worte fand. Es seien „im allgemeinen die Leute die nicht gesellschaftsfähig waren weil sie sich zu schlecht benahmen die jetzt ihre Minderwertigkeitskomplexe abreagieren wollen", berichtete er seinen Eltern am 22. Februar 1934. Der NSDAP AO in Guatemala teilte er mit, dass sie nicht mit ihm rechnen könne. Insbesondere den örtlichen Führer, der „sich für den lieben Gott persönlich hält", lehnte er ab. Es enttäuschte ihn, dass die NSDAP AO vom Reich gestützt würde, denn sie hätte es in Guatemala

---

[129] Kreuzter, Mary: „Der Auslandsdeutsche kann nichts andres sein als Nationalsozialist!" – Deutsch-österreichischer Faschismus in Guatemala, in: Context XXI, Heft 3-4/2002.

[130] Berth, Christiane: Aus Hamburg in die Kaffee-Welten Zentralamerikas – Die Nottebohm Hermanos in Guatemala, in: Arfs, Jörn und Mücke, Ulrich (Hg.): Händler, Pioniere, Wissenschaftler – Hamburger in Lateinamerika, Berlin 2010, S. 79-84. Siehe auch in dieselbe: Biografien und Netzwerke im Kaffeehandel zwischen Deutschland und Zentralamerika 1920–1959, a. a. O.

geschafft die Deutschen im Land in zwei vollständig getrennte Lager zu spalten. Zwar würde sich niemand gegen die NS-Regierung im Reich stellen, „aber die hiesigen Vertreter sind ein zu übles Volk". Elmenhorst hielt sich von ihnen fern, da er seine Zeit nicht mit Skat spielen und Alkoholgenuss vergeuden wollte. Scine konstante Verweigerung brachte ihm Verleumdungen von Seiten der Nationalsozialisten ein, wie er am 10. Oktober 1934 berichtete. Elmenhorst stellte den „Oberbonzen" zur Rede, woraufhin sich dieser bei ihm entschuldigte: „Alle Nazis hier sind auch ein fürchterliches Proletenvolk [...]. Diese Quasselei und Heilschreierei der vereinigten Märzgefallenen geht einfach über meine Nervenkraft." Er dachte an einen Austritt aus der NSDAP, machte sich jedoch Sorgen wegen möglicher Nachteile wie Einreisebeschwerden ins Deutschen Reich.

Austritt aus der NSDAP

Diese Querelen und Erfahrungen mit den Nationalsozialisten in Guatemala gepaart mit dem Bedeutungsverlust der SA und den Morden an ihren Führern lösten in Elmenhorst einen Prozess des Umdenkens aus. Sein jugendlicher Idealismus hatte ihn nach intellektueller Prüfung der verschiedenen politischen Richtungen seiner Zeit 1930 zum Nationalsozialismus geführt. Sein Erlebnis vom Kampf auf der Straße gegen die Kommunisten und für eine Revolution, welche das Reich vom Individualismus hin zum Gemeinschaftssinn bringen sollte, war angesichts des Auftretens seiner Parteigenossen in Guatemala verblasst. Er nahm wahr, dass er sich immer mehr dem Leben vor Ort anpasste: Arbeit, Verdienst und Individuum standen auch für ihn immer mehr im Vordergrund. Ein Brief an seine Eltern vom 24. März 1935 kann als Schlüsseldokument seiner inneren Abkehr von der NS-Ideologie gewertet werden. Mit dazu beigetragen hatte die weite Entfernung von der Heimat. Neben dem räumlichen Abstand trug auch die Nachrichtenlage bei: „Vieles was hierherkommt ist schon überholt, wenn wir es erfahren." Dies förderte den Gleichmut: „So gewöhnt man sich ab, in jedem neuen Ereignis etwas Welterschütterndes zu sehen." Ihm war nun die Philosophie des Diogenes näher als „irgendwelche epochemachenden neuen Anschauungen, die in ein paar Jahren doch vergessen sind". Wichtiger als „Gedankenspintisiererei" sei nun das ehrliche Meistern der Probleme des täglichen Lebens. Er blickte zurück auf die Zeit seines Beitritts zur NSDAP: „Was hat man uns früher an Gedanken und Ideen zugeworfen. Als Zwanzigjährige wollten wir die Menschheit auf den verschiedensten Wegen zur unbedingten Glücklichkeit organisieren. Wir warfen uns die verschiedensten Programme an den Kopf, und nach dem wir damit aufgehört hatten […] merkten wir erst dass wir von dem Begriff ‚Menschheit' noch nichts wussten." Da er die „Menschheit" nun als ein Konglomerat aus Individuen in verschiedenen Entwicklungsstadien definierte, sah er den Versuch einer organisatorischen Zusammenfassung und Weiterentwicklung als „lächerlichen Kollektivierungsversuch" an. Von „Projekten zur Glückseligmachung der Menschheit" hielt er nichts mehr. Die wahre Arbeit jedes Menschen an sich selbst sei vielmehr eine zähe Kleinarbeit zur Überwindung der Widrigkeiten des Lebens. Als höchstes Gut sah er nicht die Anhäufung materieller Güter oder von Machtmitteln an, sondern Bescheidenheit und die Erkenntnis, dass das Wirken der Menschen nichts ist „im Vergleich mit der grossen Natur". Er hatte für sich erkannt: „Hinter allen großen Worten steht die persönliche Unzulänglichkeit mit irgendwelchen gewinnsüchtigen Motiven." Auch schienen ihm die Erzählungen seiner Eltern aus dem Reich nicht zu gefallen. So schrieb er diesen am 22. Juli 1935: „Hier stört mich kein Mensch, ich kann ausserhalb des office tun und lassen was ich will, kein Mensch schreibt mir vor wie ich zu grüssen habe und was ich offiziel denken muss und wie laut ich ‚bravo' schreiben muss, und wie tief der Bückling vor jedem Abzeichen und jeder Uniform zu sein hat." Mit Verachtung blickte er in einem Brief vom 10. Oktober 1935 auf die Parteibonzen im Reich: „die sich heute heiser schreiben und mit wichtigen Mienen ihre Aktentasche von Parteikongress zu Parteikongress tragen, und nebenbei noch Geld dafür bekommen und ganz klein und hässlich in den Mauselöchern gesessen haben und auf uns SA-Leute als Rüpel herabgeblickt haben." Wie er seinen Eltern am 2. Januar 1936 mitteilte, zog er sich noch weiter aus dem politischen Leben in Guatemala zurück, da ein „furchtbarer Krach" zwischen den Nationalsozialisten und den „alten Herren der Kolonie" herrschte: „Um da nicht hereinzugeraten, gehen wir überhaupt nirgends hin, wo man Deutsche treffen kann, denn die ganze Angelegenheit ist wieder so schrecklich traurig und führt zu einer Verminderung des deutschen Ansehens in den Augen aller Leute. Es ist tatsächlich so, der grösste und erbarmungsloseste Feind der Deutschen sind sie selber. Mit etwas mehr Erziehung und Benimm sowie Taktgefühl liesse sich alles vermeiden. Aber das gilt ja heute hier draussen als ‚reaktionär' und was die heute hier Volksgemeinschaft mimenden ehemaligen Roten und Freimaurer und heutige ‚alte Kämpfer' […] mit ihrem Gequassel und ihrer Biertisch‚gemeinschaft' alles zertreten, das verstehen sie in ihrer Dummheit nicht." Ende Juni 1936 reichte es Elmenhorst: Er teilte seiner Mutter in einem Schreiben vom 22. Juni mit, dass er aus der NSDAP ausgetreten war,[131] da er den Nationalsozialismus vor Ort als von „Lüge, Hysterie, Denunziationen“ und Dummheit geprägt ansah. Anlass war die an ihn gestellte Forderung regelmäßiger im Parteiheim zu erscheinen und die Überwachung der Parteimitglieder, „wie oft sie ins Parteiheim kommen – mit genauer Uhrzeitangabe etc. – was sie im allgemeinen machen, etc.“ Elmenhorst hattes es seiner Ansicht nach nicht nötig, sich von solchen Leuten etwas bieten zu lassen: „Ich habe mithelfen dürfen, wie es tatsächlich noch kämpfen hiess, und jetzt verdiene ich hier schlecht und recht mein Geld, habe einen guten Ruf als arbeitsamer und ehrlicher Mann, und denke garnicht daran mitzuhelfen, den Deutschen Namen noch unmöglicher zu machen als er hier schon ist.“ Mit seinem Entschluss stand er nicht allein. Im November 1936 teilte er seiner Mutter mit: „Von einem gesellschaftlichen Leben [...] ist seit einigen Jahren kaum noch zu reden. Alles zieht sich zurück.“ Das Ende der „Kampfzeit“ als SA-Mann und die Erfahrungen in Guatemala hatten Elmenhorst wieder zu seinem Patriotismus von vor dem Eintritt in die NSDAP zurückgeführt. Und obwohl er sich ab Ende 1936 darum bemühte, einen auf der Abstammung seines Vaters begründeten britischen Pass zu erhalten, der ihm das Reisen und eine mögliche Arbeitsaufnahme in den britischen Kolonien erleichtert hätte, fühlte er sich weiterhin als Deutscher, der sich für sein Land einen angemessenen Platz in der Welt wünschte.

„Hoffentlich gibt es bald Frieden“ – Korrespondenz im Krieg

Nachdem seine Briefe eineinhalb Jahre fast frei von politischen Inhalten gewesen waren, teilte ihm seine Mutter im September 1938 in einem ihrer wenigen erhaltenen Briefen mit, dass sie Angst vor einem Krieg hatte: „Es ist ja sehr brenzlich zur Zeit, und ich weiss nicht wie wir um den Krieg herum kommen wollen! Wie mir zu Mute ist, kann ich Dir garnicht sagen, denn wenn man es einmal mitgemacht hat, und an all die bösen Folgen denkt kann man nur in Sorge sein! Es wäre schon das Beste wenn die Tschechen die Sudetendeutschen frei liessen, denn auf Dauer wird das doch nichts.“ Elmenhorst antwortete seiner Mutter im Oktober, dass er froh war, als diese „fürchterlich kritischen Tage“ vorübergegangen waren: „Es war schrecklich, diese Ungewissheit.“ Er berichtete ihr, dass einige „ganz kriegsmutwillige“ Deutsche in

[131] Laut dem NSDAP-Mitgliedskarteiblatt von Kurt Wolfram Elmenhorst wurde der Austritt auf den 30. Juni 1936 datiert. Siehe in: BArch R 9361-VIII Kartei / 8030393.

Guatemala bereits gekündigt und eine Reise nach Deutschland gebucht hatten, um am Krieg teilnehmen zu können. Als die Kriegsangst im Sommer 1939 wiederkehrte, bekannte Elmenhorst gegenüber seiner Mutter in einem Brief vom 6. August 1939: „Politisch verstehe ich augenblicklich nichts mehr, d. h. sich darum kümmern ist doch ganz zwecklos, ändern kann man doch nichts mehr, und ich freue mich dass wir vorläufig noch Frieden haben." Der Kriegsausbruch selbst wird in den erhaltenen Briefen nicht kommentiert. Erst in ihrem Brief vom 10. November 1939 nimmt Lisa Elmenhorst Stellung zum aktuellen Geschehen: Sie machte sich Sorgen machte um ihren Sohn Hinrich, der gerade auf Feindfahrt war: „Dass dieser Zustand besonders angenehm ist, kann ich nicht behaupten, – aber er ist glücklich über sein Kommando und begeistert dabei. Ich bin ja auch Soldatenfrau und Mutter genug um ihn zu verstehen. Aber manchmal bin ich doch recht unruhig und schlafe halbe Nächte nicht und sehe allerhand Bilder vor mir, die mich quälen." Immerhin konnte sie ihren Sohn in Guatemala Ende März 1940 über die Kriegsfolgen für Überlingen beruhigen. Dort war vom Krieg kaum etwas zu spüren und selbst die Einschränkungen waren nicht gravierend. Dennoch war Elmenhorst froh, dass er in der Ferne „weitab vom Weltgeschehen" lebte und „Ordnung, Ruhe und Sicherheit" genießen konnte. Begeistert war er jedoch vom Westfeldzug, wie er am 7. Juli 1940 schrieb: „Neue Sachen kann ich von hier nicht erzählen. Die passieren drüben bei Euch, und in einem Tempo wie es die Welt wirklich noch nicht gesehen hat. Wenn man das jemand vor einem Jahr hier erzählt hätte, dass es so kommen würde, wäre man sofort ins Irrenhaus gesteckt worden. Das ist ja so phantastisch dass man den Mund überhaupt nicht wieder zukriegt." Seine Mutter erwartete Ende Juli 1940 die „Endabrechnung mit England", während Elmenhorst im Antwortschreiben vom August 1940 schrieb: „Hoffentlich gibt es bald Frieden." Nach der gemeinsamen Trauer um Hinrich Elmenhorst (siehe oben) liegen nur noch wenige Briefe von Kurt Wolfram Elmenhorst und seiner Mutter vor. Politik und Kriegsgeschehen werden in diesen nicht mehr thematisiert. Wann Kurt Wolfram Elmenhorst erstmals von den deutschen Kriegsverbrechen und vom Völkermord an den Juden erfuhr, ist unbekannt. Auch ist nicht bekannt wie er darüber und über das Kriegsende dachte. Für ihn selbst erwies sich seine 1937 erhaltene britische Staatsbürgerschaft und die Ablegung der deutschen Staatsbürgerschaft als günstig, nachdem Guatemala dem Deutschen Reich 1941 den Krieg erklärt hatte. Während Anfang 1942 zahlreiche Deutsche in Guatemala festgenommen und in einem Sammellager in New Orleans interniert wurden, konnte Elmenhorst in Guatemala verbleiben.

Kaufmann in Guatemala

Emigration nach Guatemala

Nachdem er während seiner Lehrzeit bereits das Südamerika-Geschäft kennengelernt hatte, erwähnte er angesichts der Aussichtslosigkeit eine Anstellung zu finden, eine Auswanderung nach Guatemala erstmals in einem Brief an seine Eltern vom 7. Juli 1932: „Drüben in Guatemala habe ich durch Hamburger Bekannte namens Merck – er war früher Direktor bei der Hapag, bekannte Hamburger Familie – Beziehungen aufgenommen mit einem Merck, welcher eine kleine Kaffeeplantage hat." Dieser suchte einen Angestellten. Und obwohl Merck nach Meinung von Elmenhorst solche wie „Sand am Meer" haben könne, teilte er ihm mit, dass er ihn gebrauchen und anlernen könne. Allerdings könne er die Überfahrt nicht bezahlen. In Sachen Gehalt sah es nicht besser aus, hier standen nur freie Kost und Logis sowie ein Taschengeld in Aussicht. Elmenhorst sah dies als Chance an, um das Leben und Arbeiten in Guatemala zu erkunden. Entweder würde er dort eine Anstellung finden und falls nicht, würde er dort viel Wichtiges erlernen, ohne das er in Hamburg ohnehin keine Chance mehr haben würde. Verlockend erschien es ihm auch aus dem „europäischen Betrieb" und aus der Großstadt herauszukommen. Er erwartete in Guatemala eine „gesunde, ganz einsame Gegend". Und sollte es ihm in Guatemala nicht gefallen, so könnte er mit besseren Aussichten wieder zurückkehren: „Man muss jetzt ins Ausland und wenn ich diese Gelegenheit verpasse bleibe ich mein Leben lang ein kleiner Plebejer. Und das mache ich nicht mit." Da er ansonsten nur die Aussicht auf einen Feldwebelposten in der SA „als kleiner Bonze" hatte – „und das will ich auf keinen Fall" – bat er seine Eltern um finanzielle Unterstützung bei der Auswanderung. Diese stellten ihm daraufhin 1.000 Reichsmark zur Verfügung. In den folgenden Wochen kümmerte er sich um die nötigen Papiere und die Passage. Am 25. Oktober 1932 machte er sich schließlich von Holtenau aus mit einem KWE-Frachtdampfer auf die Reise. Hier kamen ihm seine Beziehungen zur Hamburger Kaufmannschaft zugute. So wurde die Reise zwar um einige Wochen verlängert, war jedoch äußerst kostengünstig. Er hatte eine eigene Kabine für sich und durfte am Tisch des Kapitäns speisen. Über Rotterdam ging die Reise in Richtung USA, wo der Dampfer an mehreren Häfen der Ostküste Station machte und teils tagelang auf Reede lag. In New Orleans wechselte er auf einen Passagierdampfer über. Dieser führte ihn am 19. Dezember nach Puerto Barrios in Guatemala.

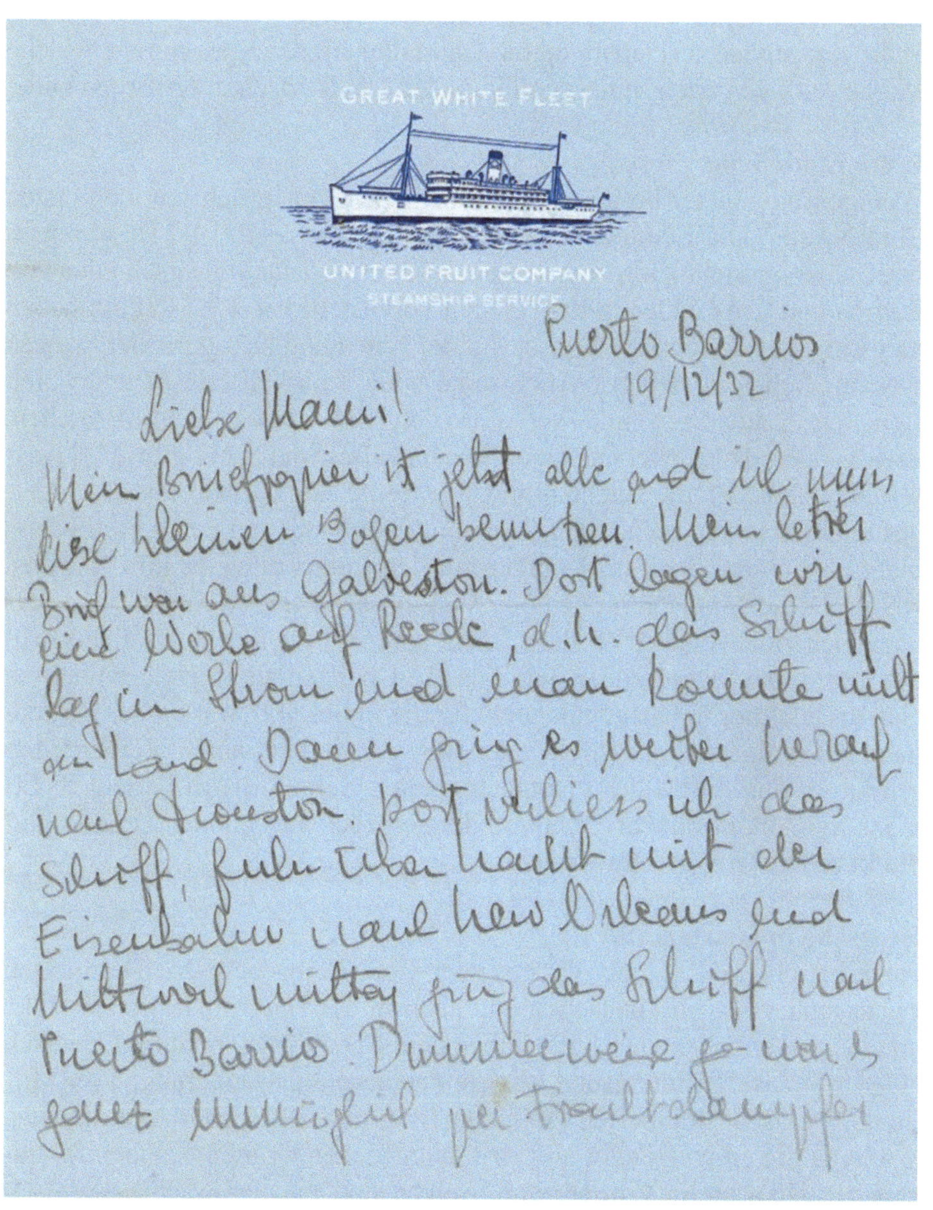

GREAT WHITE FLEET

UNITED FRUIT COMPANY
STEAMSHIP SERVICE

Puerto Barrios
19/12/32

Liebe Mami!

Mein Briefpapier ist jetzt alle und ich muss diese kleinen Bogen benutzen. Mein letzter Brief war aus Galveston. Dort lagen wir eine Woche auf Reede, d.h. das Schiff lag im Strom und man konnte nicht an Land. Dann ging es weiter herauf nach Houston. Dort verliess ich das Schiff, fuhr über Nacht mit der Eisenbahn nach New Orleans und Mittwoch mittag ging das Schiff nach Puerto Barrios. Dummerweise ja war's ganz unmöglich per Frachtdampfer

Der erste Brief von Kurt Wolfram Elmenhorst aus Guatemala.

Am 22. Dezember war er schließlich auf der Kaffee- und Zuckerrohrpflanzung La *Conchita* von Johannes Theodor Merck (1898–1949) bei San Pedro de Yepocapa (Departemento Chimaltenango) angekommen, welche Merck seit 1927 nach seinem Studium der Landwirtschaft erworben hatte.

Erste Eindrücke

Wenige Tage später berichtete er seinem Bruder Hinrich von den ersten Eindrücken: „Die Leute haben hier furchtbar viel Zeit. […] Beschreiben wie es hier aussieht kann man nicht es ist alles vollständig verschieden von Europa und ganz anders wie man sich vorgestellt hat. […] Ich bin neben meinem Chef der einzige Weisse auf der Finca und bekomme den ganzen Tag nur Indios zu sehen." Auch seine neue Tätigkeit erläuterte er: „Ich stehe am Ladentisch und verkaufe den Indios Petroleum, Brötchen, Zwirnsfaden, Hüte, Messer, Zigaretten und alles was es nur gibt. […] Ausserdem mache ich die Buchhaltung." Er freute sich darüber fernab von einer Stadt zu leben. Seine Spanischkenntnisse hatten auf der Reise bislang mehr als genügt, doch im Kontakt mit den Indios nütze es ihm zunächst wenig: Diese sprachen laut Elmenhorst ein schlechtes Spanisch und verwendeten viele Ausdrücke, die er nicht kannte. Er zeigte sich seinem Bruder gegenüber froh darüber, nun bessere Chancen als in Deutschland zu haben. Dass dies in Guatemala nicht für die Indios galt, war im bereits kurz nach der Ankunft klar: „Mehr oder weniger sind sie noch Sklaven", beschrieb er den Status der Plantagenarbeiter. Seinen Eltern berichtete Elmenhorst Anfang Januar 1933 von der „entzückend schönen" Landschaft direkt an der Grenze zum Urwald.

Deutsche in Guatemala

Auch berichtete er davon, dass es sehr viele Deutsche gab: „Die ganzen fincas sind voll von Deutschen und auch in der Hauptstadt gibt es viele, alle hauptsächlichen Geschäfte haben deutsche Namen, man hört Deutsch auf der Strasse." Hintergrund war die deutsche Auswanderung: Vier Millionen Deutsche wanderten zwischen 1850 und 1913 nach Amerika aus. Während die einen Hunger und Armut entfliehen wollten, standen für andere die Chancen im Vordergrund, welche sich aus dem wachsenden Waren- und Schiffsverkehr zwischen den Kontinenten entwickelten. Die meisten Auswanderer suchten ihr Glück in den USA. Nur 2,7 Prozent der 1854 und 1924 ausgewanderten Deutschen siedelten sich in Zentralamerika an. Zu ihnen gehörten hanseatische Kaufleute, welche der

Exporthandel mit Kaffee, Kakao oder Koschenille anzog. Sie gründeten einerseits eigene landwirtschaftliche Projekte. Zum anderen galt ein längerer Auslandsaufenthalt für junge Kaufleute als Bewährungsprobe im Geschäft und damit als ein nahezu obligatorisches Element im Lebenslauf. Hierfür galt es einen Lernprozess zu durchlaufen: Erlernen einer neuen Sprache, anderer Geschäftspraktiken, Kommunikationsformen und Verhandlungsstrategien. Die Einwanderer wurden in Zentralamerika mit offenen Armen empfangen, da deren Regierungen die Exportwirtschaft fördern und sich in den Weltmarkt integrieren wollten. Hinzu kam die Hoffnung auf den Ausbau von Infrastruktur sowie der Import neuer Technologien. Nicht zuletzt sollten europäische Einwanderer die rassische Zusammensetzung der mehrheitlich indigenen Bevölkerung „aufwerten“. In Guatemala setzte die deutsche Einwanderung zwar später, dafür aber schneller und massiver ein und so wurde Guatemala das Land mit der größten deutschen Präsenz in Zentralamerika. Ende 1900 lebten dort etwa 1.000 deutsche Emigranten, sie besaßen 2 Prozent der Gesamtfläche des Landes, ihr Einfluss in allen gesellschaftlichen Bereichen wuchs kontinuierlich. Sie pflegten ihr Deutschtum in geschlossenen Gemeinschaften mit deutschen Vereinen und deutschen Schulen. Der Anteil an der von deutschen Auswanderern verantworteten Gesamtkaffeeproduktion Guatemalas lag 1913 bei einem Drittel. Einer der größten deutschen Kaffee-Akteure vor Ort war die Familie Nottebohm. Ein Grund für den deutschen Erfolg war der finanzielle Rückhalt durch Banken und Handelshäuser in der Heimat, ein anderer war ihr Wissen um die europäischen Märkte. Ob die Deutschen in Zentralamerika jedoch als „Pioniere“ oder eher als „Ausbeuter“ zu verstehen sind, ist in der Forschung je nach Sichtweise umstritten. Nachdem der Handel im Ersten Weltkrieg unterbrochen worden war, stieg dieser in den 1920er Jahren ebenso wieder an, wie auch die Einwanderung nach Guatemala. 1927 lebten dort 2.500 bis 3.000 Personen deutscher Herkunft. Sie bebauten fast 45 Prozent der für den Kaffeeanbau geeigneten Flächen des Landes.[132] Elmenhorst waren diese Besitzverhältnisse bewusst, wie er seinen Eltern am 22. Februar 1933 berichtete: „Die grossen Kaffeeplantagenbesitzer wie Nottebohm, denen fast halb Guatemala gehört, und andere beschäftigen aus Prinzip lediglich deutsche Angestellte und Verwalter hier

---

[132] Die Darstellung folgt komplett: Berth, Christiane: Biografien und Netzwerke im Kaffeehandel zwischen Deutschland und Zentralamerika 1920–1959, Hamburg 2014.

steht ein Deutscher ungefähr so da wie in unseren Kolonien vor dem Krieg."

Alltag auf der Finca Conchita

Elmenhorst genoss sein großes Zimmer, das gute Essen in der Finca und dass er nicht so viel zu arbeiten hatte. Er stand um 6 Uhr auf, frühstückte um 7.30 Uhr, aß um 12.30 Uhr zu Mittag und arbeitete bis 17.30 Uhr im Ladengeschäft. Neben der Buchhaltung überwachte er die Indios bei der Arbeit und hatte viele kleine Aufgaben zu erledigen wie das Eintreiben von Außenständen bei Kunden. Sonntags ritt er aus und besuchte die Deutschen in der Nachbarschaft. Seinen Monatslohn in Höhe von 10 Dollar konnte er sparen, da das Leben auf der Finca keine Kosten verursachte.: „Passieren tut natürlich auf so einer finca nicht viel. Viele Leute können auch das Leben nicht aushalten und werden bald verrückt, aber ich glaube das mir das Leben sehr gut bekommen wird." Um auf dem Laufenden über die Entwicklung in Deutschland zu bleiben, bat er seine Eltern ihm Zeitungen und Zeitschriften zu senden. Aber „bitte keine kommunistischen Sachen, da sind die Leute hier kollossal scharf hinterher und alles was des Kommunismus irgendwie verdächtig ist wird ohne weiters an die Wand gestellt." Überhaupt wurde Lesen noch mehr zu einer wichtigen Konstante: „Hier ist Lesen das Einzige was man machen kann. [...] Es macht verflucht viel Spass und ich bin froh dass hier nur wenig Menschen sind." Das nächste Kino befand sich eine Tagesreise entfernt, das nächste Theater war 1.000 Km weit weg. Daneben nutzte er die freie Zeit, um weitere Fortschritte im Spanischen zu machen. Auch begann er die Indiosprache Cazchiquel zu erlernen.

Wechsel zu Nottebohm Hermanos

Ein halbes Jahr nach seiner Ankunft in Guatemala wechselte Elmenhorst zum 1. Juni 1933 als Angestellter in die Kaffeeabteilung von Nottebohm Hermanos, dem zweitgrößten Kaffeeerzeuger des Landes. Sein Gehalt stieg auf 90 Dollar pro Monat wie er seinen Eltern am 4. Juni 1933 mitteilte: „Mein alte Lehrfirma war die schärfste Konkurrenz von Nottebohm für Guatemala Kaffee und auf den Handel in diesem Artikel werde ich mich jetzt weitgehend spezialisieren. Hier lerne ich alle diese Sachen die ich in Hamburg nicht lernen konnte und dass ich den Kaffeehandel in Hamburg kenne gereicht mehr sehr zum Vorteil." Er glaubte nun endgültig angekommen zu sein, denn die „Ia Firma" war seiner Ansicht nach für die gute Behandlung ihrer Angestellten bekannt: „Und wenn man einmal da ist und sich anständig benimmt kann man sein ganzes Leben dableiben." Vermittelt wurde der Stellungswechsel durch seinen Salemer Schulkameraden Heinz A. Lessing, der die Verbindung zu seinem neuen Chef Arthur Nottebohm (1878–1937) hergestellt hatte. Elmenhorst lebte nun in der Hauptstadt. Dort fehlten ihm die Abgeschiedenheit der Finca und das Reiten. Außerdem beklagte er sich über die deutlich höheren Ausgaben. Immerhin hatte er im Deutschen Verein nun Zugang zu allen Zeitungen. Er lernte viele Menschen kennen und baute sein Beziehungsnetzwerk aus, wobei ihm seine Zeit in Salem und Hamburg sehr zugute kamen. Dennoch fehlte ihm „jegliche geistige Anregung" und gemäß dem Firmen-Motto „Behüt dich Gott, mein lieber Sohn, vor Schlubach und vor Nottebohm" galt für Elmenhorst: Man „muss arbeiten und nichts als arbeiten". Dennoch fiel seine Bilanz über seinen Beruf und Guatemala im Oktober 1933 positiv aus: „Ich bin jeden Tag froher, dass ich gerade in Guatemala und gerade bei Nottebohm und gerade in der Kaffeeabteilung beschäftigt bin." Er fühlte sich gut bezahlt, war mit seiner Arbeit zufrieden und hatte 1935 bereits zwei Lehrlinge unter sich. Ihm missfiel es jedoch, dass er sich zum „dollarfressenden Verdienstviech" entwickelte und nahm im Lauf der Zeit die sozialen Verhältnisse bei seinem Arbeitgeber als besonders schlimm wahr. Im März 1935 berichtete er seinen Eltern: „Die Bezahlung ist verhältnismäßig gut, die Behandlung ist schweinemässig. In Deutschland würden die Leute die Hände über dem Kopf zusammenschlagen." So beklagte er sich über das „Schurigeln" und die Schikanen durch den Personalchef und den völligen Mangel an Urlaub. Er fühlte sich „von oben herab" als „Nummer" behandelt und als „Arbeitstier" ausgenutzt.

„Such is life in the tropics"

Im selben Brief bilanzierte er auch seinen Aufenthalt in den Tropen. „Guatemala gefällt mir verdammt gut, gerade die richtige Größe […], angenehmes Klima, schön warm, dabei wenig Krankheiten […], wunderschöne Gegend etc. Hier kann man es schon sehr lange aushalten." Dabei halfen ihm die Bekanntschaft zu anderen Junggesellen, mit denen er sich sonntags zum Pokern, Bridge spielen und zum gemeinsamen Kinobesuch traf. An die Beziehung zu einer Frau war nicht zu denken: „Schade dass es hier gar keine jungen Mädchen gibt. Unter den Deutschen gibt es keine, und die hiesigen muss man alle schon heiraten wenn man sie bloss mal angesehen hat. […] Der Deutsche ist hier für die Schwiegermütter in spe immer noch das begehrteste Jagdwild.“ Ende 1933 nahm Elmenhorst wahr, dass er rapide „veramerikanisierte“: „Ich erwische mich immer öfter dabei, dass ich, wenn ich von Leuten zuerst höre, frage: was verdient er, was hat er? Denn das ist hier wohl das Wichtigste.“ Er führte dies darauf zurück, da man in Guatemala nur die Zeit totschlagen oder Geld verdienen könne. Als „blödes Kapitel“ seines Aufenthalts in den Tropen bezeichnete er in einem Brief vom 9. März 1934 den „verdammten Alkohol“. Zwar berichtete er seinen Eltern, dass er sich nicht betrinken würde, dennoch vertrug er inzwischen „allerhand“, obwohl er sich bewusst einschränkte. Einem anderen Laster der Deutschen in Guatemala – er ließ offen, ob es sich um Prostitution bzw. eine Indio-Geliebte handelte – frönte er nicht: „Und das andere Übel – hier ist das eine so düstere und gefährliche Angelegenheit dass ich mich da nicht mit abgebe. Also keine Angst. Ja, such is life in the tropics.” Mitte 1934 war er arriviert: Er teilte sich mit dem Kaufmann Karl Albrecht Engel ein kleines Haus am Rand der Hauptstadt mit Garten, Schwimmbad, einer Köchin („die wir dem ersten Bürgermeister von Guatemala ausgespannt haben. Sie kocht natürlich erstklassig“) sowie einem Auto. Elmenhorst und Engel teilten sich die Miete in Höhe von 150 Dollar im Monat, so dass ihm noch 45 Dollar für eine Versicherung und „Kleinigkeiten“ übrigblieben: „Der Rest kommt auf die Bank.“ Da er über seinen Arbeitgeber günstig elektrische Geräte beziehen konnte, verfügte er über Herd, „Toastroaster“, Kocher und Heizkissen. Durch das Haus sparte er sich die „ärgerlichen Ausgaben“ für Clubs. Im November 1935 zog er mit seinem Mitbewohner in ein anderes Haus um. Vermieter war der Polizeipräsident von Guatemala. Inzwischen verfügten Elmenhorst und Engel auch über einen „Hausjungen“ als Arbeitshilfe. Dort empfing Elmenhorst Anfang Januar 1936 auch seinen Bruder Hinrich, als dieser mit dem Leichten Kreuzer *Emden* nach Guatemala kam. Im Vorfeld hatte er seinen Eltern mitgeteilt: „Kennen tue ich ihn ja eigentlich nicht, sehr interessant das nachzuholen.“ Im gleichen Monat teilte er seinen Eltern bezüglich möglicher Heiratspläne mit, dass er gar nicht ans Heiraten denken könne, da die Zeiten zu schlecht seien. Außerdem galt für ihn der Grundsatz: „Erst den Stall und dann das Swien.“ Auch hatte er viele unglückliche Ehen vor Augen, da sich frisch eingewanderte Frauen nicht an das Klima gewöhnen würden, zu verwöhnt seien und alle paar Jahre nach Deutschland fahren wollten: „Da ist ja eine Frau eine Last, und der der sie herausbringt ein unverantwortlich handelnder Mensch.“ Eine indigene Frau kam nicht in Betracht, da man dann deren Verwandtschaft „bis ins dritte und vierte

Glied“ miternähren müsse. Ende 1938 erwarb er das Haus, in das er 1935 mit Engel eingezogen war.

Zwischen „Deutschenhetze“ und Gleichförmigkeit

Weniger wohl fühlte sich Elmenhorst Mitte 1934. In den Briefen an seine Eltern spricht er von einer „Deutschenhetze“. Er selbst hatte vor dem Hintergrund des sogenannten „Röhm-Putsches“ über die tatsächliche Lage in Deutschland keine Klarheit. Insbesondere machte er sich Sorgen um die ihm bekannten SA-Führer wie Ludin. Auch von US-Seite nahm er eine Hetze gegen das Deutsche Reich wahr. Er glaubte zwar nicht an einen Krieg der Waffen, fühlte sich jedoch bereits in einem Wirtschaftskrieg. Nachdem ihm ein Bekannter über die angebliche „unvorstellbare Macht“ der Juden in den USA berichtet hatte, nahm Elmenhorst im Herbst 1934 plötzlich auch in Guatemala eine „Judenherrschaft“ wahr, die ihm Angst machte. Dies gab sich jedoch, da alles seinen „vorgeschriebenen Gang“ nahm. Im März 1935 berichtete er seinen Eltern: „Hier ist alles so einförmig [...]. Jeder Tag, Monat, Jahr fügt sich dem vorgeschriebenen Ablauf.“ Das „europäische Gehetze“ war ihm fremd und „ein Land wo so viel passiert dass dreimal am Tage neue Zeitungen herauskommen ist viel zu aufregend als dass man da leben möchte.“ Aus Mangel an Leuten, „mit denen man auf Grund ihrer Erziehung verkehren kann“ zog er sich außerhalb der Arbeitszeit weitgehend in sein Haus zurück. Dort hatte er seine Ruhe, nahm wahr, dass er langsam schrullig und langweilig wurde, fühlte sich aber wohl: „Ich konzentriere mich voll und ganz aufs Geschäft und alles übrige interessiert mich nicht.“ Dementsprechend meldete er sich auch nicht, als das Reich die Wehrpflicht wieder einführte: „Ich habe dem Deutschen Reich 1928 und 1929 eine Chance gegeben, mich zu verwerten [...] habe mir mittlerweile meine eigene Existenz aufgebaut und denke nicht daran dies zu vermasseln um 1 Jahr das zu tun was ich mein ganzes Leben tun wollte“, wie er seinen Eltern im Juni 1935 mitteilte.

Eine verpasste Chance

Im September 1936 wurde Elmenhorst die Leitung der Filiale von Nottebohm Hermanos in El Salvador angeboten. Aus Sorge vor dem ungesunden Klima dort nahm er das Angebot jedoch nicht an, worüber er sich schon kurz nach der Absage ärgerte: „Ich hatte nur 24 Stunden zum Überlegen, und ich Rindvieh gehe hin und sage ich wollte lieber als Angestellter in Guatemala bleiben anstatt Prokurist in Salvador zu werden [...] Man ist immer selbst Schuld wenn man sich sein Leben versaut. Herrgott, das war eine solche Chance […]. Ich bin so wahnsinnig wütend wie noch nie in meinem Leben. Hat man jahrelang ordentlich gearbeitet, und dann lehnt man die Belohnung ab! […] Wenn ich jetzt kein wahnsinniges Schwein habe […] bleibe ich Angestellter bis zum Ende meines verpfuschten Lebens."

Selbstständiger Kaufmann

Seine Zeit bei Nottebohm Hermanos endete 1944. Zu dieser Zeit waren die führenden Vertreter der Familie Nottebohm bereits in den USA interniert, ihr Vermögen wurde beschlagnahmt. Anschließend schlug sich Elmenhorst als Kaffee-Schmecker durch. Er beschaffte den Indios Honig-Schleudermaschinen, um so den Honig der wilden Bienen zu gewinnen. 1946 gründete er seine eigene Firma „Carlos W. Elmenhorst". Er nutzte dabei seinen dritten Vornamen Karl. Wann genau er in Guatemala vorwiegend als Carlos W. Elmenhorst firmierte ist nicht mehr nachvollziehbar. Spätestens ab dem Zeitpunkt der Firmengründung war dies jedoch sein bevorzugter Name. Er handelte erfolgreich mit Kaffee, Honig, Gewürzen und anderen Waren des Landes, besonders mit Holland. Sein Unternehmen nannte er später in „Oliva-Elmenhorst & Co" um, 1983 zog er sich aus den Handelsgeschäften zurück. Bis dahin hatte er es „zu einem angenehmen Wohlstand" gebracht, so sein Nachruf.[133] Bis ins hohe Alter besuchte er jedes Jahr Deutschland und ging zur Kur nach Meersburg. Besuche führten ihn zu seiner Schwester nach Überlingen und nach Salem.

---

[133] Hubert: Kurt-Wolfram Elmenhorst, a. a. O., S. 171.

Antwerpen, 29. Okt. 1937

Liebe Mami!

So jetzt bin ich an Bord alles in Ordnung, nun geht es allerdings erst morgen um 4 Uhr früh! Aber bis ich in Antwerpen alles in Ordnung hatte war es 1 Uhr, gottseidank hatte ich gut geschlafen, denn ich habe mir doch einen Schlafwagen geleistet der allerdings nur Rm. 13.– kostete. Ich habe jetzt glücklich 4 Koffer 4 Kisten 1 gr. Korb und 4 gr. Pakete also 13 colli im ganzen, immerhin ganz erfreulich. Jedenfalls ist alles an Bord gekommen, gottseidank!

So, jetzt bist Du wohl wieder in Uebelingen! Ich freue mich schon zu hören wie es nun mit Karin gegangen ist, hoffentlich geht alles klar! Das wäre zu fein —

Wie nett war es noch bei Rudins. Sie sind ja so nett und das nächste Mal werden sie ausgiebiger besucht werden! Na überhaupt das nächste Mal! Halte Dich bloß recht gesund mach Dir jedenfalls um mich keine Sorgen und Du sollst mal sehen wie nett wir dann Wiedersehen feiern werden!

So nun grüsse alles was da kreucht und fleucht allen denen denen ich nicht "Auf Wiedersehen" gesagt habe bitte ich Grüsse zu bestellen.

Und Du Mami es war so schön bei Dir zuhaus! Ich habe mich so fein erholt, das ganze Leben sieht jetzt anders aus!

Dein Sohn

Kurt

Brief von Kurt Wolfram Elmenhorst kurz vor Ende seiner Europareise 1937.

Kirchliche Trauung von Irmgard Elmenhorst und Dietrich Müller-Haußer am 4. Juni 1938 auf Schloss Hohenfels. Zentral: Lisa Elmenhorst, rechts die Blumenmädchen Barbara und Erika Ludin, im Hintergrund Leni Hausser-Weisbach (Mutter des Bräutigams) und Bruno Scherz.

Elmenhorst 1946.

EX LIBRIS

C. W.
ELMENHORST

Kurt Wolfram / Carlos W. und Gerda Elmenhorst mit ihren Töchtern 1958 (oben) und 1961 (unten).

Elmenhorst 1961.

Elmenhorst 1963.

Elmenhorst 1973 bei den Ausgrabungen in Tikal.

Ehrung für 50 Jahre Kaffeeexport für Elmenhorst 1987.

Sammler von Maya-Textilien

Die farbenprächtigen Textilien der Maya gelten nicht nur als Meisterwerke der Webkunst, sondern sind nach einer Darstellung des Museums für Völkerkunde in Hamburg auch vielfältiger Ausdruck indianischer Identität. So geben sie etwa Auskunft über die Herkunft ihrer Träger, über deren sozialen und religiösen Status, aber auch über deren Weltsicht und Modebewusstsein. Daneben dienen sie als sichtbares Zeichen einer modernen Maya-Identität. Die Textilien gelten aufgrund ihrer Schönheit und hervorragenden Qualität als begehrte Sammlerstücke. Die Sammlung von Mayatextilien im Museum für Völkerkunde in Hamburg beruht auf den Schenkungen durch Deutsche, welche ihre Sammlungen in Guatemala zusammenstellten. Zu diesen zählt auch Kurt Wolfram Elmenhorst.

Dass er einmal ein bekannter Textilsammler werden würde, lässt sich den Briefen von Kurt Wolfram Elmenhorst an seine Eltern zunächst nicht entnehmen. Anfangs galt es sich zu etablieren. Nachdem sein Gehalt jedoch kontinuierlich anstieg und er in seinen Briefen nicht mehr von Entbehrungen und Sparbemühungen schrieb, schilderte er seiner Mutter in einem Brief vom 18. August 1940 den Besuch eines Pueblos zusammen mit einem Kollegen. Dieses war 30 Minuten vor Guatemala-Stadt gelegen: „Die Frauen des Dorfes stellten sich bei näherem Zusehen als fleißige Heimweberinnen heraus und so zogen wir dann von Haus zu Haus um uns einige ihrer Produkte zu erstehen. Auf der Strasse strömte die weibliche Bevölkerung vom kleinsten Gör bis zur ehrwürdigsten und völlig vertrocknet aussehenden Matrone zusammen um uns ihre Blusen – huipiles – und Gürtel – bandas – zu zeigen und anzubieten. Eine oder andere machte den Dolmetscher, und schliesslich wurden wir handelseinig, und ich habe zwei sehr schöne Stücke erwerben können, auf die ich mit Recht stolz bin. Denn diese Blusen sind lediglich für das betreffende Dorf, da jedes Dorf ein anderes Muster hat, und gerade von diesem Dorf welches so abgelegen liegt kommen keine Waren auf den Markt der grösseren Plätze.“ Zu diesem Zeitpunkt kannte er sich also bereits auf dem Textilmarkt aus und hatte wohl bereits zuvor Textilien erworben. Dass er bereits ein Sammler war, zeigt seine abschließende Bemerkung zum Besuch: „Ein anderes Pueblo ist schon vorgemerkt.“ Diese beiden dokumentierten Besuche reihen sich in später systematische Erkundungen ein. Er besah sich die Textilprodukte der verschiedenen in Guatemala ansässigen Mayastämme und trug so seine einmalige Sammlung von Textilien der Maya zusammen. Carl Triesch spricht hier von regelrechten „Sammeltouren“ mit Familie und Freunden: „An vielen Sonntagen packte Gerda Elmenhorst ein Picknick ein und mit dem Wagen ging es zu einem Markt in einer Mayagemeinde, auf dem der Familienvater hoffte, noch fehlende Stücke für seine Sammlung erwerben zu können.“[134] Seine Sammlung erstellte er dabei nicht nur zum eigenen Vergnügen, sondern auch, um für kommende Generationen die Geschichte und Kunst der Maya zu erhalten. Daneben interessierte er sich auch für archäologische Stücke der vorkolonialen Zeit und Bücher zur Geschichte und Kultur Guatemalas. Für seine Deutschlandreise von 1937 ist dokumentiert, dass er einen Schmuckanhänger mit auf die Reise nahm. Über das Museum für Völkerkunde in Hamburg wollte er herausfinden lassen, aus welchem Material dieser hergestellt worden war. So kam er in Kontakt zu Museumsdirektort Franz Termer. Dieser beriet Elmenhorst bei der Systematisierung seiner Sammlung nach museologischen Gesichtspunkten und besorgte Elmenhorst schwer zugängliche Literatur. Darüber hinaus pflegte Elmenhorst Kontakt zum Leiter der Abteilung Amerika des Museums für Völkerkunde in Hamburg, Wolfgang Haberland. Seine Sammlung von 1.000 Maya-Textilien schenkte Elmenhorst schließlich 1989 dem Museum für Völkerkunde in Hamburg. Hierfür wurde er 1990 zum Ehrenkustos ernannt und mit einem Platz auf der Ehrentafel der Stifter bedacht. Einzelne Stücke seiner Sammlung wurde 2010–2012 im Rahmen der Sonderausstellung „Herz der Maya“ präsentiert.[135] Um dem Umfang der Sammlung besser gerecht zu werden, wurde 2011 eine Sonderausstellung „Elmenhorst & Co.“ hinzugefügt. Neben den Stücken selbst gilt die Sammlung auch durch die Katalogisierung Elmenhorsts als wertvoll, da er auf Karteikarten Erwerbungsdatum, Herkunftsort, Herstellungstechnik, Maße, Bezeichnung auf Spanisch und in der jeweiligen Maya-Sprache festhielt. 1986 schrieb er, dass seine Sammlung ohne diese Dokumentation nur „ein Haufen alter Kleidungsstücke“ wäre.[136] Seine Sammlung stellte er Forschenden bereits vor 1989 in seinem Privathaus zur Verfügung, in dem sie sich in einem eigens hergerichteten Zimmer befand. Auch seine

---

[134] Triesch, Carl: Carlos W. Elmenhorst – Sammler aus Leidenschaft, in: „Elmenhorst & Co.“ – 150 Jahre Hamburger Sammlungen zu den Maya in Guatemala, Hamburg 2011, S. 147.

[135] Gretzschel, Matthias: Für ein paar Stunden nach Südamerika, in: Hamburger Abendblatt vom 29. Dezember 2010.

[136] Penny, H. Glenn: In Humboldt's shadow. A tragic history of German ethnology, Oxford 2021, S. 113.

umfangreiche Sammlung von Autographen und zeitgenössischen Reise- und Expeditionsberichten in Zentralamerika aus dem 16. Jahrhundert sowie von Landkarten vermachte er der Nachwelt. Sie findet sich heute in der Ludwig Mises Bibliothek. Seine archäologischen Fundstücke gingen an das Museo Popol Vuh. Beide Institutionen sind Teil der Universidad Francisco Marroquin in Guatemala-Stadt.[137]

Elmenhorst mit Tochter Charlotte beim Fischen.

[137] Triesch: Carlos W. Elmenhorst – Sammler aus Leidenschaft, in: a. a. O., S. 130-157.

Elmenhorst mit seinen Enkelkindern anlässlich seines 90. Geburtstags (von links): Andreas Volz, Jennifer Riegg, Verena Volz und Stephanie Riegg. Die Feier fand in seinem Haus auf Grand Cayman statt. Andreas und Verena Volz wuchsen in Freiburg auf, Jennifer und Stephanie Riegg in Kalifornien.

Zusammenfassung

Kurt Wolfram Elmenhorst entstammte einem erfolgreichen und angesehenen Altonaer Kaufmannsgeschlecht. Nachdem sein Vater 1919 als Korvettenkapitän seinen Abschied von der Marine genommen hatte und 1922 nach Überlingen gezogen war, besuchte Kurt Wolfram Elmenhorst ab Ostern 1923 die Schule Schloss Salem. 1925 nahm er an deren Finnland-Expedition teil, auf der er sich nach einem Zeugnis von Kurt Hahn „in jeder Weise“ bewährte. Wie der Vater, wollte er entsprechend seiner nationalen und soldatischen Einstellung in die Marine eintreten, wurde 1927 jedoch wegen eines Augenfehlers abgelehnt. Nach seinem Abitur am 28. März 1928 holten seine Eltern Rat bezüglich des weiteren Lebenswegs ihres Sohns bei Kurt Hahn ein. Dieser riet ihnen, er solle an seiner „grande passion“ festhalten und in Exeter seine Englischkenntnisse zu vollenden. Dem folgte Kurt Wolfram Elmenhorst, der sich dazu entschied, sich erneut zu bewerben und im Fall einer Ablehnung Kaufmann zu werden. Nachdem ihn die Marine 1928 erneut nicht angenommen hatte, gab er seinen Traum Seeoffizier zu werden auf und trat ab April 1929 eine Lehrstelle zum Groß- und Außenhandelskaufmann bei Eduard Ringel & Co. in Hamburg an. Nachdem er seine wenige Freizeit mit dem Treffen von Verwandten und Salemern sowie mit Sport verbracht hatte, fand er im Herbst 1930 zum Nationalsozialismus. Seine erhaltenen Briefe zeigen bis dahin keine Anzeichen für das Gedankengut der Nationalsozialisten: So findet sich kein völkisches oder antidemokratisches Denken. Ebenso ist vom Gedanken der Volksgemeinschaft darin nichts zu spüren. Eher im Gegenteil bewegte er sich unter Verwandten, Bekannten der Familie und Salemer Schulkameraden mehr in sozial besser gestellten Kreisen. Festzustellen ist zwar ein früher Patriotismus, so wollte er seinem Land als Seeoffizier dienen. Auf der anderen Seite zeigte er ein großes Interesse am Ausland und an fremden Sprachen. Dass dies nicht nur Mittel zum Zweck für eine spätere berufliche Karriere war, zeigt seine Liebe zu England, die so weit ging, dass er es sich hatte vorstellen können dort zu leben. Noch im April 1930 hatte er in einer Debatte unter Freunden und Verwandten die NSDAP kritisiert. Und obwohl er noch im Juni 1930 bekannte, dass er das „Politisieren“ nicht mochte, befasste er sich im Vorfeld der Reichstagswahlen von 1930 mit den politischen Richtungen der Zeit. Nach dem Besuch zahlreicher Wahlversammlungen verschiedener Parteien trat er im Herbst 1930 der NSDAP und der SA bei. Sein Ziel war es, sich aktiv gegen die

Kommunisten und die Sozialdemokratie einzusetzen. Als SA-Mann – der „Elite“ der SS konnte er zu seinem Bedauern wegen seines Ischiasleidens nicht beitreten – nahm er daraufhin fast zwei Jahre lang an Ausmärschen, Wahlkämpfen, illegalen Plakatierungen und Schulungen teil und erhielt eine paramilitärische Ausbildung. Wegen des Verteilens von Flugblättern und der Plakatierungen wurde er mehrfach kurzzeitig festgenommen. Dies und Straßenkämpfe nahm er in Kauf, da er 1932 fest mit einer siegreichen Revolution der NSDAP rechnete. Diese befürwortete er, da er dem Gedanken der Volksgemeinschaft basierend auf Familie, Volk und Sippe sowie der Abschaffung des Privateigentums anhing. Außerdem lehnte er Vorkriegsvorstellungen der „Alten“ und deren bürgerliche Moral und „kirchenchristliche Ethik“ ab. Ihm schwebte die „Herrschaft des tüchtigen Menschen “ vor, der ohne persönlichen Nutzen führen würde. Obwohl sich Elmenhorst intensiv mit dem Programm und den Schriften der Nationalsozialisten auseinandergesetzt hatte, verstand er wie so viele seiner Zeitgenossen scheinbar nicht den wahren Charakter der NS-Bewegung und hing ihr eher in jugendlichem Idealismus an. Nachdem er im Anschluss an das Ende seiner Lehrzeit arbeitslos geworden war, wurde er SA-Ausbilder und hoffte auf die Vermittlung eines interessanten Postens durch Hanns Ludin, zu dem er und seine Eltern Kontakt gefunden hatten. Da er gleichzeitig jedoch ein Arbeitsangebot in Guatemala erhalten hatte, entschied er sich im Herbst 1932 zur Emigration. Bis zu diesem Zeitpunkt zeigte Elmenhorst auffällige Parallelen zur eingangs von George L. Mosse zitierten Einschätzung über die Hinwendung Salemer Absolventen zum Nationalsozialismus: Der von Mosse genannte Salemer Nationalismus war in Elmenhorsts Fall zwar eher ein Patriotismus und der von Mosse wahrgenommene latente Salemer Antisemitismus ist bei Elmenhorsts in einer noch weiter abgeschwächten Form feststellbar, doch hätte Elmenhorst gern der „Elite“ der SS angehört. Außerdem zeigen seine Briefe viele Salemer Werte, die Mosse nennt. So beschrieb er sein Handeln über Jahre selbst als soldatisch, diszipliniert, voller Pflichtgefühl, moralischer Festigkeit und Selbstkontrolle. Den von Mosse aufgeführten Mut zur Tat zeigte er bei seinem Einsatz für die SA, den er als Einsatz für sein Land und sein Volk verstand. Insbesondere Mosses Einschätzung: „sie bewiesen Mut, indem sie die nationalistische Sache unterstützen“ trifft voll auf Elmenhorst zu, der stolz darauf war, dass er sich in der „Kampfzeit“ für den Nationalsozialismus eingesetzt hatte. Die Realität des Nationalsozialismus in Deutschland hatte Elmenhorst zwar nicht mehr erlebt, dafür aber das Verhalten der

Vertreter der NSDAP AO in Guatemala. Mit diesen und ihrem Verhalten wollte er nichts zu tun haben und so hatte er unter Schikanen von Seiten der NSDAP AO zu leiden. Diese Querelen gepaart mit dem Bedeutungsverlust der SA im Deutschen Reich und den Morden an ihren Führern 1934 lösten in Elmenhorst einen Prozess des Umdenkens aus. Sein jugendlicher Idealismus, der ihn 1930 zum Nationalsozialismus geführt hatte, war angesichts des Auftretens seiner Parteigenossen in Guatemala verblasst. Er nahm wahr, dass er sich immer mehr dem Leben vor Ort anpasste: Arbeit, Verdienst und Individuum standen auch für ihn immer mehr im Vordergrund. 1935 sah er die NS- und andere Ideologien als „Gedankenspintisierei“ an. Viel wichtiger erschien ihm nun das Meistern der Probleme des täglichen Lebens. 1936 trat er schließlich aus der NSDAP aus. Später wurde er ein erfolgreicher Kaufmann und ein bekannter Sammler von Maya-Textilien.

Anlagen

Lebensdaten von Kurt Wolfram Elmenhorst / Carlos W. Elmenhorst

6.4.1910	Geburt in Kiel
Ostern 1922	Besuch des reformpädagogischen Internats Haubinda
Ostern 1923	Wechsel zur Schule Schloss Salem
1925	Teilnahme an der Finnland-Expedition
Sommer 1927	Erste erfolglose Bewerbung als Offiziersanwärter bei der Reichsmarine
1927/28	Vollfarbentragender der Schule Schloss Salem
März 1928	Ende der Salemer Schulzeit mit dem Abitur
1928	Zwei Semester Studium am University-College in Exeter vom Mai bis Juni und vom Oktober bis Dezember; dazwischen: Aufenthalt in Plymouth
Sommer 1928	Zweite erfolglose Bewerbung als Offiziersanwärter bei der Reichsmarine
April 1929	Beginn der Lehre zum Groß- und Außenhandelskaufmann bei Eduard Ringel & Co. in Hamburg
1929/30	Mitgliedschaft im Hamburger Sportverein (Abteilung Rugby)
1.12.1930	Eintritt in die NSDAP (Mitgliedsnummer 402393) und in die SA
Anfang 1931	Beförderung zum SA-Gruppenführer
1930/31	Mitgliedschaft im Germania Ruder Club
Februar 1932	Beförderung zum SA-Scharführer
April 1932	Ende der Lehrzeit mit anschließender Weiterbeschäftigung auf Honorarbasis bei Eduard Ringel & Co.
Juli 1932	Meldung als Arbeitsloser
1932	Auswanderung nach Guatemala (Ankunft: 19. Dezember)

1933	Anfang Januar bis Ende Mai Angestellter auf der Kaffee- und Zuckerrohrpflanzung La *Conchita* bei San Pedro de Yepocapa
Juni 1933	Kaufmann bei Nottebohm Hermanos (bis 1944)
30.6.1936	Austritt aus der NSDAP
Frühjahr 1937	Elmenhorst erhält die britische Staatsbürgerschaft und gibt in der Folge seine deutsche Staatsbürgerschaft auf
1937	Europareise vom Juni bis Oktober
1946	Gründung von Carlos W. Elmenhorst (später: Oliva-Elmenhorst & Co.)
3.8.1946	Heirat mit der Kaufmannstochter Gerda Jördens, deren ursprünglich aus Bremen stammende Familie in dritter Generation in Guatemala lebte
7.6.1948	Geburt von Tochter Marion
8.8.1949	Geburt von Tochter Charlotte
4.6.1953	Geburt von Tochter Monica
1983	Rückzug aus dem Geschäftsleben
1989	Schenkung der Maya-Sammlung mit über 1.000 Textilien an das Museum für Völkerkunde in Hamburg
1990	Ernennung zum Ehrenkustos des Museums für Völkerkunde aufgrund der Schenkung mit einem Platz auf der Ehrentafel der Stifter
24.10.2000	Tod in Guatemala-Stadt. Seine Asche wird ins Meer gestreut. Er vermacht der Kurt-Hahn-Stiftung eine beträchtliche Summe

Kurzbiographien

Dr. phil. Alfred Andreesen (* 3.2.1886 in Verden – † 3.10.1944 in Fulda)

Eltern: Textilkaufmann Johann Andreesen (1857–1930) und Eva Andreesen, geborene Rohlfs (1861–1921); Heirat 1916 mit Hilka Fokken (1892); kinderlos*

Alfred Andreesen studierte Mathematik, Physik, Biologie und Philosophie in Tübingen. Er promovierte 1908 in Halle. 1909 nahm er eine Stelle als Lehrer im Landerziehungsheim Ilsenburg an und ergänzte sein Studium 1910/11 durch das Staatsexamen. Seit Oktober 1911 war er Lehrer und stellvertretender Leiter, später Leiter des Landerziehungsheims Schloss Bieberstein. Nach Kriegsdienst im Ersten Weltkrieg übernahm er 1919 die Oberleitung der Lietzschen Landerziehungsheime. Die zunächst bestehenden vier Heime überführte er 1920 in die unter seiner Mitwirkung neueingerichtete Stiftung Deutsche Landerziehungsheime Hermann-Lietz-Schulen. Er erweiterte die Stiftung durch die Gründung weiterer Landerziehungsheime und führte das Werk von Lietz im pädagogischen Bereich fort. Dabei strebte er unter anderem nach christlicher Erziehung ohne dogmatische Bindung, lehnte die Stadt als Erziehungsraum für Kinder ab und verband geistige mit körperlicher Arbeit. Andreesen trat für eine nationale Kulturpolitik ein. Nach der „Machtergreifung“ der Nationalsozialisten lief Andreesen – so Friese – „mit fliegenden Fahnen“ zu diesen über. So trat er 1933 dem Kampfbund für deutsche Kultur bei. Darüber hinaus gehörte er seit 1933 auch dem NS-Lehrerbund, der SA und seit 1937 der NSDAP an. Ist Andreesens völkische Grundhaltung ebenso unstrittig wie auch seine pädagogische Lebensleistung, so gibt es keine einheitliche Meinung zu seiner Stellung gegenüber dem Nationalsozialismus. Die „Altbürger“ – ehemalige Schüler Lietzscher Landerziehungsheime – relativierten die von Andreesen nach 1933 vertretene NS-Ideologie mit dessen Streben nach Verhinderung der Zerstörung des Lietzschen Lebenswerkes durch die Nationalsozialisten. Auch Koerrenz urteilt, dass dieser sich unter dem Eindruck der politischen Verhältnisse zwangsläufig angepasst habe. Er habe eine politisch-pragmatisch angelegte Strategie entwickelt und konsequent verfolgt, um das Überleben der Heime zu sichern. Spätestens seit Kriegsbeginn 1939 habe er sich schließlich vom Nationalsozialismus distanziert. Eine andere Ansicht vertritt König, der Andreesen als überzeugten

Nationalsozialisten ansieht, der den Einzug der NS-Ideologie in die Hermann-Lietz-Schulen gezielt gefördert habe.

Literatur: Koerrenz, Ralf: Landerziehungsheime in der Weimarer Republik. Alfred Andreesens Funktionsbestimmung der Hermann-Lietz-Schulen im Kontext der Jahre von 1919 bis 1933, Frankfurt a. M. 1992; Friese, Peter: Kurt Hahn – Leben und Werk eines umstrittenen Pädagogen, Bremerhaven 2000; König, Karlheinz: Nur angepaßt oder überzeugter Nationalsozialist? Alfred Andreesen und die Landerziehungsheime im Nationalsozialismus. Zur Revision eines pädagogischen Mythos, in: Jahrbuch für Historische Bildungsforschung, Bd. 7, Berlin 2001, S. 61-88; Zirlewagen, Marc: Akteure, Gegner und Opfer der Schule Schloss Salem im „Dritten Reich", Norderstedt 2022, S. 11-13

Dr. phil. Alfred Baumgarten (* 13.11.1842 in Dresden – † 3.10.1919 in Montreal)

Eltern: Friedrich Oswald von Baumgarten (1813–1849) und Emmy von Baumgarten, geborene Zocher; Heirat 1885 mit Martha Christina Donner (1866–1953); Kinder: Emmy (1888), Ilse (* 1900)*

Der Sohn eines Leibarztes und einer Hofdame des sächsischen Hofs studierte Chemie in Berlin und Göttingen. 1864 promovierte er. Nach Leitung einer Zuckerrübenplantage in Hamersleben wurde er 1866 Assistent an der Columbia School of Mines in New York. Daneben war er unter anderem Manager der Long Island Sugar Raffinery. 1873 wurde er Manager der Castro Syrup Company in Montreal. 1879 überzeugte er Walter Richard Elmenhorst davon, die St. Lawrence Sugar Raffinery in Montreal zu gründen. Elmenhorst war im Anschluss Präsident und Baumgarten Vizepräsident. 1885 heiratete Baumgarten die Tochter von Johann Donner (1841–1899). Diese war eine Nichte von Martha Sophie Donner (1854–1929), der Ehefrau von Walter Richard Elmenhorst (1839–1894). Nach dem Tod des Unternehmensgründers rückte Baumgarten 1894 als Präsident auf. Dank der „deutschen Gründlichkeit und Energie", mit denen er die Firma führte, wurde er laut Andrew Edgar Collard Millionär. 1911 wurde er Direktor der Bank of Montreal, 1912 zog er sich aus dem Berufsleben zurück. Er betätigte sich in Montreal als Mäzen, insbesondere im Gesundheitswesen. Sein weitgehend mit der Originaleinrichtung erhaltenes repräsentatives Stadthaus wurde 1926 von der McGill University erworben und dient seit 1935 als Faculty Club.

Literatur: Collard, Andrew Edgar: Baumgarten House, in: The Gazette (Montreal) vom 12. Dezember 1970; https://en.wikipedia.org/wiki/Alfred_Baumgarten (abgerufen am 8. September 2022)

Robert Chew (* 4.5.1907 in Brentford – † 11.9.1970 in Lake Road/Windermere)

Vater: Robert George Chew († 1946); Heirat 1947 mit Eva, verwitwete Mohr, geborene Gunderssen (1917–1995); Kind: Tony (1948)*

Robert Chew studierte in Cambridge. Dort lernte er über Geoffrey Winthrop-Young das Erziehungskonzept von Kurt Hahn kennen und arbeitete ab 1929 als Mentor, Englisch-, Sport und Segellehrer in Spetzgart. Daneben war er dort Schauspieler und Theaterregisseur. Chew war der Eigentümer der *Hein Godenwind* aus der Spetzgarter Flotte. Laut Flavin kündigte er vor dem Hintergrund des erstarkenden Nationalsozialismus am 12. Juli 1933, nachdem sich der neue Spetzgartleiter Meese jede Kritik an seiner Arbeit verbeten hatte. Chew schloss sich Hahn in Gordonstoun an. Dort unterrichtete er Segeln und Klettern, außerdem leitete er Expeditionen. Im Zweiten Weltkrieg diente er auf dem Highland Fieldraft Training Centre in Glenfeshie. Ab 1942 gehörte er aufgrund seiner Deutschkenntnisse und seines Organisationstalents zu den Ausbildern der „Operation Fortitude North“, welche eine große Truppenkonzentration in Schottland im Vorfeld der Landung in der Normandie vorspiegeln sollte. Am 8. Mai 1945 gehörte der Oberstleutnant der Seaforth Highlanders zu den ersten Repräsentanten der Alliierten in Oslo und nahm dort die deutsche Kapitulation entgegen. Bis Anfang Oktober 1945 war er Militärbefehlshaber von Bergen. Er kümmerte sich um Fragen der deutschen Kriegsgefangenen und der Rückführung von Zwangsarbeitern sowie Kriegsgefangenen alliierter Streitkräfte. Anschließend kehrt er nach Gordonstoun zurück. Dort wurde er Director of Activities. Er war Mitglied des Alpenclubs und gründete einen Bergrettungsdienst in Gordonstoun. Ab 1953 gehörte er zur Schulleitung. Von 1960 bis zum Dezember 1967 war er alleiniger Schulleiter.

Literatur: Zirlewagen, Marc: Akteure, Gegner und Opfer der Schule Schloss Salem im „Dritten Reich“, Norderstedt 2022, S. 50-51

Robert Chew (Mitte) 1945 vor einem Beutepanzer der Wehrmacht.

Kurt Hahn.

Hermann Ehrhardt (* 29.11.1881 in Diersburg – † 27.9.1971 in Brunn am Walde)

Eltern: Pfarrer Georg Ehrhardt und Marie Elisabeth Ehrhardt, geborene Wießler; 1. Ehe mit Friederike von Gilsa, geborene Dieckmann, 2. Ehe 1927 mit Margarethe Viktoria Prinzessin zu Hohenlohe-Öhringen (1894–1976); Kinder: 2 (aus 1. Ehe) sowie Marie Elisabeth, Hermann Georg (aus 2. Ehe)

Hermann Ehrhardt trat 1899 als Seekadett in die Kaiserliche Marine ein. 1902 wurde er als Leutnant zur See. 1905/06 diente er im Kampf gegen die Nama in Deutsch-Südwestafrika und wurde zum Oberleutnant befördert. 1909 wurde er zum Kapitänleutnant befördert. Im Ersten Weltkrieg diente er als Chef einer Torpedobootflotille. 1917 wurde er zum Korvettenkapitän befördert. 1918 bildete er während der Novemberrevolution einen Stoßtrupp aus 300 Marineoffizieren, aus dem das Freikorps „Brigade Ehrhardt“ hervorging. Diese nahm 1919 im Auftrag der Weimarer Regierung an der Niederschlagung der Münchener Räterepublik und kommunistischer Aufstände in Mitteldeutschland teil. Während des Kapp-Lüttwitz-Putschs besetzte die „Brigade Ehrhardt“ das Berliner Regierungsviertel. Nach der Niederschlagung des Putschs nahm Ehrhardt am Kampf gegen kommunistische Aufstände im Ruhrgebiet teil. Einer drohenden Verhaftung entzog er sich durch Flucht nach Bayern. Dort wandelte er einen Teil seiner aufgelösten Brigade in die Organisation Consul um, welche für zahlreiche politische Morde verantwortlich war. Im September 1920 wurde er ehrenhaft aus der Marine entlassen. 1922 wurde er wegen seiner Teilnahme am Kapp-Lüttwitz-Putsch in München verhaftet. Im Juli 1923 floh er nach Tirol, 1925 wurde er von Paul von Hindenburg amnestiert und kehrte nach Deutschland zurück. 1927 war er Vorstandsmitglied im Stahlhelm. 1931 gründete er „Die Gefolgschaft“. 1933 trat er der NSDAP bei und überführte seine Organisation in die SS. 1934 wurde er SS-Gruppenführer, wurde jedoch im Zuge des „Röhm-Putschs“ von den Nationalsozialisten bedroht und floh in die Schweiz. Ab 1936 war er Landwirt in Österreich. 1944 wurde er im Zusammenhang mit dem Attentat vom 20. Juli 1944 verhaftet, da sein Adjutant Mitarbeiter von Wilhelm Canaris war.

Literatur: Ferdinand, Horst: Hermann Ehrhardt, in: Ottnad, Bernd (Hg.): Badische Biographien, Neue Folge, Bd. 3, Stuttgart 1990, S. 72-75

Eintrag aus dem Gästebuch der „Villa Elmenhorst“.

Gernot Elmenhorst (* 19.6.1925 in Freiburg – † 31.7.2009 in Überlingen)

Eltern: Max Elmenhorst (1880–1936) und Lisa Elmenhorst, geborene Scherz (1884–1952); Heirat 1961 mit Margrit von Spreckelsen (1940–2017); kinderlos

Gernot Elmenhorst war Anfang 1935 Jungzugführer. Er besuchte den Hermannsberg ab dem 6. Mai 1935 und Salem bis zum Abitur 1943. Im Oktober 1942 gründete er zur Förderung des Kontakts zwischen Salem und den Salemern an der Front den Salemer Feldpostbrief. Nach dem Abitur absolvierte er den Reichsarbeitsdient in Bieberach-Riss. Anschließend leistete er Kriegsdienst als Matrose. Er wurde im November 1945 aus der Kriegsgefangenschaft entlassen. In den folgenden Monaten hoffte er zunächst vergeblich auf eine Stelle als Redaktionsvolontär und im Anschluss auf eine Ausreise zu seinem Bruder Kurt Wolfram Elmenhorst. Im Sommer 1946 wurde er kaufmännischer Volontär in Stockach, später war er Auszubildender bei J. Schweitzer Sortiment in München. Anschließend war er als Buchhändler und Jazzmusiker in Hamburg tätig. 1959–1980 war er Mitglied im Börsenverein des Deutschen Buchhandels. Nachdem er durch Krankheit zum Invaliden geworden war, lebte er ab 1990 in Überlingen. Verheiratet war er mit der Juweliers-Tochter und Künstlerin Margrit von Spreckelsen.

Literatur: Hamburgisches Geschlechterbuch, Bd. 15, Limburg 1999 (Deutsches Geschlechterbuch, Bd. 209), S. 20

Dr. phil. Wilhelm Elmenhorst (* 6.5.1890 in Blankenese – † 24.10.1964 in Blankenese)

Eltern: Friedrich Wilhelm Elmenhorst (1847–1908) und Helene Emilie Elmenhorst, geborene Lorenz-Meyer (1866–1944); Heirat 1929 mit Maria O'Swald (1906–1995); Kinder: Hinrich (1930), Wiebke (* 1933), Jens (* 1934)*

Wilhelm Elmenhorst, der Onkel von Kurt Wolfram Elmenhorst, besuchte nach dem Gymnasium Christaneum in Altona die Kolonialschule in Witzenhausen. Diese verließ er 1909, um in Leipzig Landwirtschaft zu studieren. 1911 ließ er sich in Deutsch-Südwestafrika nieder. Im Ersten Weltkrieg diente er in der Schutztruppe. 1924 kehrte er nach Hamburg zurück. Er setzte sein naturwissenschaftliches Studium fort und promovierte 1926. Nachdem er sich erfolglos um die Leitung des Hamburgischen Museums für Völkerkunde beworben hatte, wurde er Kaufmann. 1958 gründete er das Unternehmen Elmenhorst & Co, dass sich zum größten Bauspezialartikellager in Norddeutschland entwickelte. Dem Museum für Völkerkunde und dem Altonaer Museum stiftete er seine Sammlung afrikanischer Stammeskunst. Er betrieb Elmenhorst-Ahnenforschung, welche er im Hamburgischen Geschlechterbuch 1961 veröffentlichte. Kurt Wolfram Elmenhorst überarbeitete und ergänzte den Artikel 1999.

Literatur: Hamburgisches Geschlechterbuch, Bd. 15, Limburg 1999 (Deutsches Geschlechterbuch, Bd. 209), S. 28-29; https://de.everybodywiki.com/Wilhelm_Ludwig_Geverhart_Elmenhorst (abgerufen am 17. November 2022)

Marina Ewald (* 14.12.1887 in Berlin – † 14.9.1976 in Salem)

Eltern: Prof. Dr. Anton Ewald (1845–1915) und Martha Ewald, geborene Kindermann (1852–1947); ledig; kinderlos

Die Tochter eines Internisten entstammte einer großbürgerlichen Berliner Familie. 1908 gehörte sie zu den ersten deutschen Abiturientinnen. Sie studierte ab dem WS 1908/09 als eine der ersten Studentinnen in Berlin, 1909/10 in St. Andrew's in Schottland und 1912/13 in Bryn Mawr College in Philadelphia. 1913 bestand sie das Staatsexamen in Geographie, Chemie und Biologie. Während des Ersten Weltkriegs war sie wissenschaftliche Referentin im Kriegsausschuss für Öle und Fette. 1918/19 arbeitete sie an der Odenwaldschule. Kurt Hahn, der sie über ihren Bruder kannte, holte sie 1919 an die Schule Schloss Salem. Dort brachte sie ihre Erfahrungen in Koedukation ein und wirkte als „rechte Hand“ Hahns für Fundraising und Management. Die Erfahrungen ihrer Reise mit einer rein männlichen Schülergruppen 1925 nach Finnland gehörten zu Hahns Basiserfahrungen in Erlebnistherapie. 1929 übernahm sie die Leitung der Salem-Zweigschule auf Schloss Spetzgart. Mitte 1933 musste sie die Leitung abgeben, da sie von NS-Kommissar Prof. Adolf Müller beurlaubt wurde: Sie hatte gesagt, dass Hitler eine Mörderbande anführen würde. 1934 arbeitete sie kurzzeitig als Leiterin der Spetzgarter-Mädchenmentorate, wurde aber erneut von den Behörden als untragbar empfunden. Nach einer Schülerreise nach Island 1937 wurde sie endgültig suspendiert, wohnte jedoch weiter auf Schloss Salem. Im November 1945 gehörte sie zu den Wiederbegründerinnen der Schule. Sie führte Salem bis 1948. 1949 übernahm sie kurzzeitig die Leitung der Salem-Zweigschule Kirchberg, im Ostertrimester

1955 leitete sie interimistisch Spetzgart. 1956 führte sie die Vergabe von Reisestipendien ein, die kurz vor ihrem Tod in die Gründung des zis – Stiftung für Studienreisen führte. 1964 gehörte sie zu den Anregerinnen des Salemer Sozialdiensts. 1966 erhielt sie vom französischen Bildungsministerium die Ernennung zum Chevalier dans L'Ordre des Palmes Académiques.

Literatur: Zirlewagen, Marc: Akteure, Gegner und Opfer der Schule Schloss Salem im „Dritten Reich", Norderstedt 2022, S. 60-64

Otto Hermann Fritzsche (* 15.3.1882 in Leipzig – † 4.6.1908 in Meine)

Eltern: Fabrikant Hermann Traugott Fritzsche (1843–1906) und Anna Dorothee Luise Fritzsche, geborene Brucker (1854–1903); ledig; kinderlos

Otto Hermann Fritzsche besuchte das Gymnasium Leipzig bis zur Untertertia. 1900 wurde er Seekadett in Kiel. Nachdem er sich frühzeitig für die Luftfahrt interessiert hatte, nutzte er sein beträchtliches Erbe nach dem Tod seines Vaters, um im Winter 1906 ein Luftfahrzeug nach seinen Vorstellungen zu entwickeln. Ziel war es, mit dem Eindecker am Flugtag der Kieler Woche am 28. Juni 1908 teilzunehmen. Außerdem hatte er bei Opel in Rüsselsheim einen von ihm konstruierten Rennwagen in Auftrag gegeben. Nachdem er diesen mit zwei Kameraden und einem Fahrer abgeholt hatte, geriet der Wagen auf der Rückfahrt ins Schleudern und kippte um. Fritzsche und ein Begleiter, Kapitänleutnant Aßmann, starben. Das Fritzsche-Flugzeug wurde in Kiel kurz darauf nur ausgestellt. Sein älterer Bruder Karl August Fritzsche übernahm dessen Weiterentwicklung. 1911 wurde es zum ersten Flugzeug der Marine. In Tsingtau stürzte es 1914 ab.

Literatur: Forstner, Georg-Günther Freiherr von: Der Luftpionier Otto Fritzsche, Leipzig 1941

Curt Graßhoff (* 29.5.1869 in Templin – † 3.7.1952 in Bonn)

Eltern: Notar Otto Graßhoff und Emma Graßhoff, geborene Francke; Heirat 1899 mit Alice Martha Elmenhorst (1878–1963); Kinder: Hans-Ulrich, Ellen und ein Sohn

Curt Graßhoff studierte Rechtwissenschaften in Halle und Marburg. 1888 trat er in die Kaiserliche Marine ein. 1894 wurde er zum Leutnant zur See befördert, anschließend absolvierte er die Marineakademie. 1900 wurde er zum Kapitänleutnant befördert, es folgten Verwendungen auf mehreren Linienschiffen und die Versetzung in den Admiralstab 1902. Ab 1905 diente er als Erster Offizier auf einem Küstenpanzerschiff und einem Linienschiff. Ab 1909 war er Chef des Stabes beim Kreuzgeschwader in Ostasien und in der Südsee. 1911 wurde er Abteilungschef beim Admiralsstab. Im selben Jahr wurde er zum Kapitän zur See befördert. 1917 nahm er als Kommandant des Großlinienschiffs *Kaiserin* am Seegefecht bei Helgoland teil. 1918 wurde er Kommandant der U-Boote in Pola. 1920 wurde er als Konteradmiral verabschiedet. Anschließend arbeitete er als Landwirt.

Literatur: Hamburgisches Geschlechterbuch, Bd. 15, Limburg 1999 (Deutsches Geschlechterbuch, Bd. 209), S. 19; https://de.wikipedia.org/wiki/Kurt_Gra%C3%9Fhoff (abgerufen am 8. September 2022)

Prof. Dr. h. c. mult. Kurt Hahn (* 5.6.1886 in Berlin – † 14.12.1974 auf Hermannsberg)

Eltern: Stahlindustrieller Oskar Hahn (1860–1907) und Charlotte Hahn, geborene Landau (1865–1934); ledig; kinderlos

Nach Kriegsbeginn 1914 war Kurt Hahn als Englandexperte und politischer Referent für das Auswärtige Amt und die Oberste Heeresleitung tätig. Ab 1917 war er politischer Berater und Vertrauter von Prinz Max von Baden. Im Juli 1919 übersiedelte er nach Salem, wo er maßgeblich an der Gründung der Schule Schloss Salem beteiligt war. Obwohl bereits 1923 ein Attentat der Organisation Consul im Zusammenhang mit Nationalsozialisten auf Hahn vereitelt worden war, unterschätzte Hahn den aufkommenden Nationalsozialismus zunächst und übertrug sein positives Menschenbild und seine idealistische Vorstellung von Führerschaft auch auf Adolf Hitler. Nach den Potempa-Morden vom August 1932 und der Ehrenerklärung Hitlers für die SA-Mörder erkannte er den wahren Charakter der Bewegung. Am 9. September 1932 richtete er dementsprechend eine Forderung an alle im Salemer Bund zusammengeschlossenen ehemaligen Salem-Absolventen: „Salem kann nicht neutral bleiben. Ich fordere die Mitglieder des Salemer Bundes auf, die in einer SA oder SS tätig sind, entweder ihr Treueverhältnis zu Hitler oder zu Salem zu lösen." Im Anschluss an diese offene Kampfansage wandte er sich auch in Vorträgen gegen den Nationalsozialismus. Hahn wurde zum Feindbild der Nationalsozialisten, Hetze in der NS-Presse war die Folge. Dementsprechend befahl Gauleiter Robert Wagner im Anschluss an die Ernennung der neuen badischen Landesregierung am 11. März 1933 seine Verhaftung. Im Gefängnis wurde Hahn von Lisa Elmenhorst darüber informiert, dass sie gehört habe, man wolle ihn in der Haft ermorden. Daraufhin hielten Salems englischsprachige Lehrer Wache vor dem Gefängnis. Nachdem er drei Tage im Amtsgefängnis in Überlingen verbracht hatte, veranlasste das badische Staatsministerium eine ärztliche Untersuchung. Der zuständige Gefängnisarzt erklärte ihn als nicht haftfähig und wies ihn am 15. März in das von ihm selbst geleitete Überlinger Krankenhaus ein. Am 16. März wurde Hahn aus der Schutzhaft entlassen. Er wurde jedoch aus Baden verbannt. Anfang Juli emigrierte er nach Großbritannien. Im November gründete er mit einigen ehemaligen Salemer Schülern und Lehrern die British Salem School in Gordonstoun. 1953 trat er als Leiter von Gordonstoun zurück und übersiedelte auf den Hermannsberg.

Literatur: Zirlewagen, Marc: Akteure, Gegner und Opfer der Schule Schloss Salem im „Dritten Reich“, Norderstedt 2022, S. 78-86

Martin Hosemann (* 3.11.1876 in Malchow – † 13.3.1928 in Freiburg)

Eltern: Superindentent Adalbert Eduard Alexander Hosemann (1840–1906) und Marianne Hosemann, geborene Martius; Heirat mit Auguste Geffcken (1889–1966); Kind: Elisabeth (1914–1981)

Martin Hosemann trat 1895 in die Kaiserliche Marine ein. 1912 wurde er Korvettenkapitän. Im Ersten Weltkrieg war er Erster Admiralstabsoffizier der Küstendivision der Ostsee sowie beim Stab des Befehlshabers des Sicherungsverbandes der mittleren Ostsee. 1918 wurde er Dezernent in der militärisch politischen Gruppe im Admiralstab der Marine. Bis 1921 war er anschließend Abteilungschef der Nautischen Abteilung in der Marineleitung. 1920 wurde er zum Kapitän zur See befördert. Zuletzt war er Inspekteur des Bildungswesens. 1925 wurde er zum Konteradmiral befördert und 1927 mit dem Charakter als Vizeadmiral verabschiedet.

Literatur: https://de.wikipedia.org/wiki/Martin_Hosemann (abgerufen am 19. September 2022)

Hermann Ehrhardt.

Otto Hermann Fritzsche.

Hanns Ludin.

Kurt Siemers.

Prof. Dr. med. Jörg Jensen (* 10.9.1916 in Göttingen – † 25.11.1989 in New Bern/North Carolina)

Eltern: Prof. Paul Jensen (1868–1952) und Elisabeth Jensen, geborene Reinhardt (1881–1948); Heirat 1947 mit Charlotte Huhn (1917–2000); Kinder: Christian (1947–2021), Wolfgang (1951), Peter (* 1956)*

Der Enkel des ersten Salemer Studienleiters Karl Reinhardt (1849–1923) und Sohn eines Physiologen besuchte Salem gemeinsam mit seinen Geschwistern Wilhelm (1908–1999; Salem 1920–1926), Regine (1909–1996/97; Salem 1927–1929) und Klaus (1912–1995; Salem 1926–1930). 1934/35 war er Wächter Salems. Er schloss Salem mit dem Abitur 1935 ab. Anschließend studierte er Medizin in München. Zu dieser Zeit war er mit der späteren Publizistin Elisabeth Noelle (1916–2010) liiert. Er diente im Krieg als Marine-Oberassistenzarzt d. R. bei der U-Boot-Waffe. Jensen promovierte 1946 in Göttingen und habilitierte sich dort 1950. Anschließend erhielt er eine Lehrbefugnis für Hygiene und Bakteriologie am Hygienischen Institut in Göttingen. Er wanderte 1954 in die USA aus und wurde in den 1960er Jahren Professor am Department of Microbiology an der University of Miami. Er lebte zuletzt in Beaufort. Wilhelm Jensen wurde Oberbaudirektor, Klaus Jensen Mediziner und Regine Jensen Schriftstellerin.

Literatur: Paul Jensen, in: Neue Deutsche Biographie, Bd. 10, Berlin 1974, S. 402-403

Heinz (Anton) Lessing (* 2.7.1909 in Trier – † 1.6.2000 in Hamburg)

Eltern: Oberleutnant Friedrich Lessing (1876–1959) und Adele Lessing, geborene Alff (1887); 1948 Heirat mit Margit Szelnar (1913–2005)*

Der Sohn eines Infanterieoffiziers – ein ehemaliger Schüler von Prof. Karl Reinhardt in Frankfurt – besuchte Salem ab 1921. Zusammen mit seinen beiden Schwestern Margrit und Lilly, die später ebenfalls nach Salem kamen, wohnte er auf dem familieneigenen Hofgut Fitzenweiler bei Markdorf. Er war Mitglied der Techniker-Innung und Teilnehmer der Finnland-Expedition im Sommer 1925. Außerdem war er Farbentragender, Helfer und spielte in der 1. Hockey-Mannschaft. Nach dem Abitur im März 1928 machte er ab November 1928 eine dreijährige Ausbildung am Bankhaus Warburg in Hamburg. Daneben war er 1928–1930 Sekretär des Salemer Bundes. Für die Mitgliedschaft in diesem hatte er einen Militärkurs besucht, praktische Sozialarbeit geleistet und das Sportabzeichen erworben. Es folgten ab 1931 drei Jahre in den USA. Die Überfahrt finanzierte er sich durch eine Tätigkeit als Decksarbeiter auf einem Tanker. In New York arbeitete er bei der International Acceptance Bank und der Bank of Manhattan Co., dann wurde er Junior Accountant bei Price Waterhouse. Weitere Tätigkeiten auf Schiffen folgten, wodurch er Teile der USA erkundete und schließlich 1934 über Kalkutta nach Deutschland zurückkehrte. Er wurde Kaufmann im Organisationskomitee (Kartenstelle) der Berliner Olympiade. Anschließend arbeitete er als Kaufmann in der Verkaufsabteilung bei der Hapag. Ab Kriegsbeginn 1939 diente er bei der Feldartillerie. Als Leutnant nahm er am Durchbruch durch die Maginotlinie 1940 teil. Später diente er beim Artillerieregiment 196 im Westen und später im Osten. Ab 1945 diente er als Hauptmann d. R. in einem Armeestab. Ausgezeichnet wurde er mit beiden Eisernen Kreuzen. Nach Kriegsende und kurzer US-Kriegsgefangenschaft war er zunächst in russischer und schließlich in tschechischer Kriegsgefangenschaft. Als sich ihm im Oktober 1945 die Möglichkeit zur Flucht bot, zögerte er. Da fiel ihm ein, wie Kurt Hahn ihn einst wegen eines Fehlers in einem Hockeyspiel „Heinz Cunctator“ genannt hatte. In diesem Moment sprang er in die Freiheit, im Dezember 1945 war er zurück am Bodensee. Um nicht von den Franzosen interniert zu werden, ging er nach Hamburg. Dort wurde er im März 1946 Generalbevollmächtigter der Alsen Portland Zement AG. 1960 wurde er Teilhaber im Bankhaus Berenberg, Gossler & Co. Daneben war er 1950–1974 im Internatsverein tätig, 1960–1969 als dessen Schatzmeister. 1980 schied er aus der Geschäftsleitung des Bankhauses aus und wechselte in den Aufsichtsrat. Bei der konstituierenden Sitzung der Kurt-Hahn-Stiftung 1984 nahm er als Initiator der Gründung und früherer Schatzmeister des Internatsvereins teil. Er wurde in den Vorstand gewählt.

Literatur: Lukowicz, Joachim von: Heinz A. Lessing zum 75. Geburtstag, in: Mitteilungen der Altsalemer Vereinigung, 33. Jg., Nr. 1 vom April 1985, S. 68; Sandersleben, Rudolf: Hajo Lessing zum 85. Geburtstag – Das bewegte Leben eines Altsalemers, in: Mitteilungen der Altsalemer Vereinigung, 42. Jg., Nr. 1 vom Juni 1994, S. 49-55; Heinz A. Lessing 90, in: Börsen-Zeitung vom 1. Juli 1999; Bueb, Bernhard: Heinz Lessing – Trauerrede im Beetsaal Salem am 5. Juli 2000, in: Mitteilungen der Altsalemer Vereinigung, 49. Jg. 2001, S. 168-170

Hanns Ludin (* 10.6.1905 in Freiburg – † 9.12.1947 in Pressburg)

Eltern: Gymnasialprofessor Dr. Friedrich Georg Ludin (1875–1941) und Johanna Ludin, geborene Tanner (1875–1963); Heirat 1932 mit Erla von Jordan (1905–1996); Kinder: Erika (1933–1997), Barbara (1935), Ellen (* 1938) Tilman (1939–1999), Malte (* 1942), Andrea (* 1943)*

Hanns Ludin besuchte das Bertholdsgymnasium in Freiburg bis zum Abitur 1924. Anschließend trat er in die Reichswehr ein. 1927 wurde er Leutnant im 5. Artillerieregiment in Ulm. Wegen nationalsozialistischer Zellenbildung in der Reichswehr wurde er 1930 unter dem Vorwurf der Vorbereitung zum Hochverrat verhaftet. Kurz nachdem er im selben Jahr in die NSDAP eingetreten war, wurde er im Oktober 1930 vom Reichsgericht zu 18 Monaten Festungshaft verurteilt und aus der Reichswehr entlassen. Nach Begnadigung und Haftentlassung 1931 wurde er hauptamtlicher SA-Führer im Gausturm Baden. 1932 wurde Ortsgruppenleiter von Freiburg und Mitglied des Reichstags. Nach der „Machtergreifung" war er im März/April 1933 Kommissarischer Polizeipräsident von Karlsruhe. Im selben Jahr wurde er zum Oberleutnant d. R. und zum SA-Gruppenführer befördert. 1934/35 studierte er Geschichte und Volkswirtschaft in Freiburg und Tübingen. 1937 wurde er zum SA-Obergruppenführer und 1940 zum Hauptmann befördert. 1939/40 diente er im Westen als Batterieführer und nahm 1940 am Frankreichfeldzug teil. Ausgezeichnet wurde er 1940 mit dem Eisernen Kreuz II. Klasse und 1944 mit dem Ritterkreuz zum Kriegsverdienstkreuz. Im Januar 1941 wurde er ins Auswärtige Amt übernommen. Anschließend war er Gesandter in Pressburg. Dort war er an der Deportation und dem Tod von 60.000 slowakischen Juden beteiligt. Nach Kriegsende wurde er von der US-Armee interniert und 1946 an die Tschechoslowakei ausgeliefert. Im Dezember 1947 wurde er als Kriegsverbrecher zum Tode verurteilt und hingerichtet. Nach dem Krieg besuchten seine Kinder Erika (Patenkind von Lisa Elmenhorst) und Malte die Schule Schloss Salem. Malte Ludin veröffentlichte 2004 die Filmdokumentation *2 oder 3 Dinge, die ich von ihm weiß* über seinen Vater.

Literatur: Knipping, Franz: Hanns Elard Ludin, in: Badische Biographien, N. F. Bd. 2., Stuttgart 1987, S. 193–196

Gustav Robert Oexle (* 2.10.1889 in Sipplingen – † 25.4.1945 in Nußdorf)

Eltern: Tagelöhner Bernhard Oexle und Josefine Oexle, geborene Widenhorn; ledig; kinderlos

Gustav Robert Oexle war bei Kriegsausbruch 1914 Geschützführer auf dem Kleinen Kreuzer *Leipzig*. Mit diesem nahm er an der Seeschlacht bei den Falklandinseln 1914 teil und überlebte dessen Untergang. Bis 1916 war er in englischer Kriegsgefangenschaft, 1917 wurde er als zu 50 Prozent Kriegsbehinderter zunächst in der Schweiz interniert. Nach seiner Rückkehr nach Deutschland im selben Jahr arbeitete er bis 1920 im Marine-Personalwesen. Anfang 1920 wurde er Verwaltungsassistent beim Bezirksamt Überlingen. Da er der paramilitärischen Organisation Damm angehörte, wurde er 1922 aus dem Staatsdienst entlassen. Anschließend war er Ratsschreiber in Nußdorf. 1933 ließ er sich wegen seines Engagements für die NSDAP beurlauben. Für diese baute er 1930 die Ortsgruppe Überlingen auf, deren Leitung er ebenso wie die Kreisleitung übernahm. 1931 gab er die Leitung der Ortsgruppe ab und konzentrierte sich auf die Kreisleitung, die er bis 1934 innehatte. Nachdem Kurt Hahn im Anschluss an die Morde von Potempa im August 1932 von Altschülern und Lehrern eine Entscheidung zwischen Salem oder Hitler gefordert hatte, löste er eine NS-Hetzkampagne gegen sich aus. Otto Baumann gab am 17. September 1932 gegenüber Oexle eine Ehrenerklärung für Hahn ab, auf die Oexle am 20. September antwortete, dass kein Pardon von Seiten der zukünftigen Machthaber zu erwarten sei. Oexle forderte Otto Baumann laut Friese dazu auf, Hahn klar zu machen, „daß wir Nationalsozialisten nicht dulden, daß unser Führer Adolf Hitler weder als Deutscher, als Christ, als Frontsoldat noch als oberster SA- und SS-Führer von einem Herrn Hahn durch ein Rundschreiben beleidigt werden darf. Ebenso sollten sie Herrn Hahn darüber belehren, daß es echt jüdischen Manieren entspricht, einen Schwerkriegsbeschädigten, einen wirtschaftlich von ihm Abhängigen als Ehrenretter vorzuschieben." Im März 1933 wurde Oexle in den Kreistag in Konstanz entsandt, vom April bis Oktober 1933 saß er im Badischen Landtag, im Herbst 1933 wurde er Gebietsinspekteur der NSDAP und im November 1933 Abgeordneter im Reichstag. Wiederholt schaltete er sich laut Friese im Frühjahr 1933 in die Auseinandersetzung um die HJ-Gruppe in Salem ein. Ab 1934 war er Beauftragter der Parteileitung und ab 1941 Sonderbeauftragter. Er führte seine Geschäfte von Nußdorf aus. In seiner Funktion bearbeitete er insbesondere Beschwerden gegen Parteiangehörige. 1937 forderte ihn Ministerialrat Kraft laut Friese dazu auf, „in Zukunft keine weiteren störenden Eingriffe“ mehr in Salem vorzunehmen. Als französische Verbände 1945 im Anmarsch waren, erschoss sich Oexle.

Literatur: Friese, Peter: Kurt Hahn – Leben und Werk eines umstrittenen Pädagogen, Bremerhaven 2000; Zirlewagen, Marc: Akteure, Gegner und Opfer der Schule Schloss Salem im „Dritten Reich“, Norderstedt 2022, S. 189-190

Conrad Patzig (* 24.5.1888 in Marienburg – † 1.12.1975 in Hamburg)

Eltern: Prof. Victor Patzig und Magdalene Patzig; 1923 Heirat mit Gertrud Thomsen (1893)*

Der Sohn eines Landwirtschaftslehrers wurde 1907 Seekadett in der Kaiserlichen Marine. 1910 war er Leutnant zur See und 1913 Oberleutnant zur See. 1914 geriet er in japanische Kriegsgefangenschaft, aus der er 1920 entlassen wurde. Im selben Jahr wurde er zum Kapitänleutnant befördert. Ab 1922 war er Navigationsoffizier auf dem Kleinen Kreuzer *Berlin* und ab 1924 Referent bei der Inspektion des Bildungswesens der Marine. 1926 wurde er zum Korvettenkapitän befördert. Nach einem Kommando bei der Schiffsstammdivision der Ostsee wurde er Navigationsoffizier auf dem Linienschiff *Schleswig Holstein*. Während seiner Tätigkeit bei der Abwehr wurde er 1931 zum Fregattenkapitän und 1933 zum Kapitän zur See befördert. 1935 trat er aus dem Nachrichtendienst aus. 1935 wurde er Kommandant der *Schleswig Holstein*, anschließend übernahm er das Panzerschiff *Admiral Graf Spee*. 1937 wurde er Chef des Personalamts beim Oberkommando der Marine. Im selben Jahr wurde er zum Konteradmiral, 1940 zum Vizeadmiral und 1942 zum Admiral befördert. 1943 wurde er aus dem aktiven Dienst verabschiedet.

Literatur: https://de.wikipedia.org/wiki/Conrad_Patzig (abgerufen am 19. September 2022)

Dr. med. h. c. Roderich Schlubach (* 1.4.1880 in Valparaiso – † 24.10.1953 in Hamburg)

Eltern: Heinrich August Schlubach (1836–1914) und Margaret Schlubach, geborene Brander (1856–1937); Heirat 1911 mit Harriet Ringel (1890–1974); Kinder: Heinrich Eduard (1911), Hans Roderich (* 1913), Karl Walter (* 1917)*

Der Sohn des damaligen deutschen Generalkonsuls in Chile war über seine Mutter Nachfahre eines tahitianischen Fürstengeschlechts. Er besuchte das Wilhelms-Gymnasium Hamburg und machte eine Lehre bei Schlubach & Co. Nach der Leitung der Guatemala-Niederlassung von Schlubach, Thiemer & Co. ab 1909 diente er ab 1914 zunächst als Leutnant d. Landwehr-Kavallerie im Ersten Weltkrieg. Später war er Wirtschaftsfachmann des Generalstabs. Zuletzt war er als Hauptmann d. R. Waffenstillstandskommissar für die deutsche Regierung am Schwarzen Meer und Mittelmeer. Der Teilhaber von Schlubach, Thiemer & Co. finanzierte Anfang der 1920er Jahre Stipendien für US-Austauschstudenten, 1925 wurde er Beirat in der Wirtschaftshilfe der Deutschen Studentenschaft. Daneben war er Aufsichtsrat mehrerer Kolonialgesellschaften. Der deutschnationale Großkaufmann und Plantagenbesitzer engagierte sich in Hamburg unter anderem als Mitglied des Rotary-Clubs, als Vorsitzender für die Patriotische Gesellschaft, als Mäzen für die Geographische Gesellschaft, zu deren Ehrenmitglied er 1925 ernannt wurde, und ab 1927 als 2. Vorsitzender der Hamburgischen Universitätsgesellschaft. 1922 ernannte ihn die medizinische Fakultät der Universität Hamburg für seine Verdienste „um die Erhaltung und Erhöhung des Ansehens der deutschen ärztlichen Wissenschaft in tropischen Ländern“ zum Dr. med. h. c. 1925 wurde er Ehrenmitglied der Universität Würzburg. Er war mit Oswald Spengler befreundet, der Schlubach 1930 als „den klügsten Kopf Deutschlands“ bezeichnete. Schlubach engagierte sich für den Reichsbund für Arbeitsdienst. Durch seine Heirat mit Harriet Ringel wurde er Inhaber von Eduard Ringel & Co. Aufsichtsrat war er mindestens in der Debundscha-Pflanzung DKG.

Roderich Schlubach (2. von rechts) 1930 in Stockholm.

Elmenhorst (rechts) 1968 mit seinem Freund Edwin M. Shook (2. von rechts) in Monte Alto in Guatemala. Links: Gerda Elmenhorst.

Dr. h. c. Edwin Martin Shook (* 22.11.1911 in Newton/USA – † 9.3.2000 in Antigua/Guatemala)

Eltern: Dudley Eugene Shook (1869–1941) und Cora Alice Shook, geborene Deal (1872–1961); Heirat 1936 mit Virginia Barr (1912–1990); Kinder: Edwin Martin, Stephen Halle, John Austin

Edwin Martin Shook studierte ab 1932 am Columbia Institute of Technology in Washington D. C. und ab 1933 an der dortigen George Washington University Archäologie. Im selben Jahr wurde er Mitarbeiter im archeology research team der Carnegie Institution. 1937 wechselte er nach Harvard. Ab 1940 arbeitete er als Archäologe für die Carnegie Institution. 1943 engagierte ihn das FBI für die Überwachung der deutschen in Guatemala. 1955 war er für das Museum der University of Pennsylvania Leiter des Tikal-Projekts in Guatemala. 1968 wurde er für das Peabody Museum für Archäologie und Ethnologie von Harvard Leiter des Monte Alto Projekts in Guatemala. 1976 wurde er Research Associate der Archaeological Research Facility der University of California. Die Universidad del Valle de Guatemala ernannte ihn zum Doktor ehrenhalber. Shook war mit Kurt Wolfram Elmenhorst befreundet.

Literatur: www.werelate.org/wiki/Person:Edwin_Shook_(1) (abgerufen am 16. November 2022)

Dr. jur. Kurt Siemers (* 30.7.1873 in Övelgönne – † 17.5.1944 in Hamburg)

Eltern: Kaufmann und Reeder Edmund Siemers (1840–1918) und Susanne Siemers, geborene Eckmeyer; Heirat 1904 mit Olga Donner (1881–1965); Kinder: Herbert (1905–1942), Kurt Hartwig (1907–1988), Ursula (1911)*

Nach Besuch des Johanneums und des Wilhelm-Gymnasiums in Hamburg studierte Siemers Rechtswissenschaften in Heidelberg, Straßburg und Berlin. In Heidelberg trat er dem Corps Rhenania bei. 1897 wurde er Referendar in Hamburg, im selben Jahr promovierte er in Leipzig. Nach seinem Assessorexamen 1902 reiste er nach Amerika, Afrika und Ostasien. 1904 wurde er Mitinhaber der 1811 gegründeten Firma G. J. H. Siemers & Co. 1918 wurde er deren Alleininhaber. Im Ersten Weltkrieg erwarb sich der Rittmeister und Kolonnenführer beide Eisernen Kreuze und das Hanseatenkreuz. Neben zahlreichen Aufsichtsratsmandaten engagierte er sich in öffentlichen und kirchlichen Ämtern. 1919 gründete er die Edmund-Siemers-Stiftung.

Literatur: https://de.wikipedia.org/wiki/Kurt_Siemers_(Kaufmann) (abgerufen am 26. September 2022)

Friedrich Stallforth (* 7.10.1914 in Wiesbaden – † 5.5.1938)

Vater: Architekt Friedrich Stallforth (1883–1945) und Georgia Stallforth, geborene Portalupi (1882); ledig; kinderlos*

Friedrich Stallforth besuchte Salem vom 16. Mai 1932 bis 6. April 1933. Zeitgleich besuchten sein Cousin Frank Chamier (1909–1945) und sein Großcousin Bernhard Stallforth (* 1914) Salem. Laut seinem Schulkameraden Peter Spiro war Stallforth auf dem Spetzgart 1933 das einzige SS-Mitglied unter den Schülern: „Er sah seine Spetzgarter Mitschülerschaft als ‚degenerierte Adlige und degenerierte Exoten'" an. Nach seiner Salemer Schulzeit diente er beim SS-Sturmbann III in München. Ende 1933 wurde er zum SS-Rottenführer und am 20. April 1934 zum SS-Scharführer befördert. Zeitweise diente er im Sicherheitsdienst des Reichsführers-SS. Ab Ende 1935 leistete er seinen Wehrdienst bei der Luftwaffe. Er starb bei einem Flugzeugabsturz.

Literatur: Briefe von Friedrich Stallforth an Hinrich Elmenhorst (dem Kurt-Hahn-Archiv überwiesen von Elmenhorsts Nichte Kristin Müller-Haussser); Spiro, Peter: Erinnerungen eines 92jährigen an die Schule Schloß Spetzgart Ostern 1931 – Ostern 1933, in: Mitteilungen der Altsalemer Vereinigung, 58. Jg., Nr. 1 vom November 2010, S. 151; Zirlewagen, Marc: Akteure, Gegner und Opfer der Schule Schloss Salem im „Dritten Reich", Norderstedt 2022, S. 236-237

Quellen- und Literaturverzeichnis (Auswahl)

a) Quellen

130 Briefe / Postkarten von Kurt Wolfram Elmenhorst 1922–1939 (Kurt-Hahn-Archiv)

90 Briefe / Postkarten an Hinrich Elmenhorst 1932–1938 (Kurt-Hahn-Archiv)

108 Briefe / Postkarten von Kurt Wolfram Elmenhorst an seine Eltern und von seiner Mutter an ihn 1932–1941 (Privatbesitz)

Schülerakte Hinrich Elmenhorst (Generallandesarchiv Karlsruhe, 69 Baden, Salem, 13 Nr. 126)

Schülerakte Kurt Wolfram Elmenhorst (Generallandesarchiv Karlsruhe, 69 Baden, Salem, 13 Nr. 128)

Zum Grundstücksverkauf von Landwirt Johann Hafner an Max Elmenhorst 1922/23 (Staatsarchiv Freiburg 236 Nr. 26976)

Spruchkammerakten Lisa Elmenhorst (Staatsarchiv Freiburg D 180/2 Nr. 1348546)

Versorgungsakten Lisa Elmenhorst (Staatsarchiv Freiburg G 1205/5 Nr. 850)

b) Literatur

Berth, Christiane: Aus Hamburg in die Kaffee-Welten Zentralamerikas – Die Nottebohm Hermanos in Guatemala, in: Arfs, Jörn und Mücke, Ulrich (Hg.): Händler, Pioniere, Wissenschaftler – Hamburger in Lateinamerika, Berlin 2010, S. 67-88

Dies.: Biografien und Netzwerke im Kaffeehandel zwischen Deutschland und Zentralamerika 1920–1959, Hamburg 2014

Dargel, Eveline und Mohn, Brigitte: Schicksalsgenosse als unserer Freuden und Leiden – Max von Baden und die Gründerjahre der Schule Schloß Salem, in: Krimm, Konrad (Hg.): Der Wunschlose – Prinz Max von Baden und seine Welt, Stuttgart 2016, S. 53-63

Elmenhorst, Kurt Wolfram: Elmenhorst, in: Hamburgisches Geschlechterbuch, Bd. 15, Limburg 1999, S. 1-30 (Deutsches Geschlechterbuch, Bd. 209)

Die erste Schulfeier – Rede des Prinzen Max von Baden bei der Eröffnung der Schule Schloß Salem April 1920, in: Berthold Markgraf von Baden, Salem, Langensalza 1933

Ewald, Marina: Der Aufbau und Ausbau Salems (1919–1933), in: Röhrs, Hermann: Bildung als Wagnis und Bewährung. Eine Darstellung des Lebenswerkes von Kurt Hahn, Heidelberg 1966, S. 108-126

Dies.: Erinnerungen, Bonn 2018

Gretzschel, Matthias: Für ein paar Stunden nach Südamerika, in: Hamburger Abendblatt vom 29. Dezember 2010

Hahn, Kurt: Das Programm von Salem, in: Berliner Tageblatt vom 14. Oktober 1932

Heerkerens, Hans-Peter: Wie die Erlebnispädagogik laufen lernte – Outward Bound in der Bonner Republik, Höchberg 2021

Hilser, Stefan: Beispielhafter Umgang mit Eigentum, in: Südkurier vom 2. Dezember 2012

Hinrich Elmenhorst, in: Salemer Hefte, Nr. 26 vom Januar 1941, S. 22-23

Hubert, Inge: Kurt-Wolfram Elmenhorst, in: Mitteilungen der Altsalemer Vereinigung, 49. Jg. 2001, S. 171

Kreuzter, Mary: „Der Auslandsdeutsche kann nichts andres sein als Nationalsozialist!“ – Deutsch-österreichischer Faschismus in Guatemala, in: Context XXI, Heft 3-4/2002

Machtan, Lothar: Prinz Max von Baden – Der letzte Kanzler des Kaisers. Eine Biographie, Berlin 2013

Mann, Golo: Erinnerungen und Gedanken – Eine Jugend in Deutschland, Frankfurt a. M. 1986

Miscoll, Ilse (Hg.): Schule Schloß Salem – Chronik, Bilder, Visionen / Geschichte und Geschichten einer Internatsschule, Korb 1995

Mosse, George L.: Aus großem Hause – Erinnerungen eines deutsch-jüdischen Historikers, München 2003

Nostitz, Herbert von: Diplomat ohne Lorbeer – Erinnerungen aus dem „gehobenen Dienst“, München 1992

Penny, H. Glenn: In Humboldt's shadow. A tragic history of German ethnology, Oxford 2021, S. 113

Pielorz, Anja: Werte und Wege der Erlebnispädagogik – Schule Schloß Salem, Darmstadt 1991

Poensgen, Ruprecht: Die Schule Schloß Salem im Dritten Reich, in: Vierteljahreshefte für Zeitgeschichte, 44. Jg., H. 1 vom Januar 1996

Schraube, Richard: Oberleutnant zur See Hinrich Elmenhorst – Einem tapferen Helden unserer Heimat zum Gedächtnis, in: Bodensee-Rundschau im April 1940 (GLA, 69 Baden, Salem, 13 Nr. 126)

Triesch, Carl: Carlos W. Elmenhorst – Sammler aus Leidenschaft, in: „Elmenhorst & Co.“ – 150 Jahre Hamburger Sammlungen zu den Maya in Guatemala, Hamburg 2011, S. 131-157

Zirlewagen, Marc: Akteure, Gegner und Opfer der Schule Schloss Salem im „Dritten Reich“, Norderstedt 2022

Ders.: Blumen für Kurt Hahn: Lisa Elmenhorst, in: Mitteilungen der Altsalemer Vereinigung, 70. Jg., Nr. 1 vom April 2023, S. 62-66

Beiträge zur Geschichte der Schule Schloss Salem

Die Schriftenreihe wurde 2022 gegründet. Ziel der darin veröffentlichten Beiträge ist es, die Forschung zur Geschichte der Schule Schloss Salem zu fördern und ihre Ergebnisse im Druck festzuhalten. Die Herausgeber erfolgt von privater Seite durch Marc Zirlewagen. Die Schriftenreihe stellt keine „offizielle" Geschichtsschreibung von Seiten der Schule Schloss Salem oder der Altsalemer Vereinigung dar.

Bisher sind erschienen:

Bd. 1: Zirlewagen, Marc: Vom SS-Obersturmführer zum „Handballdoktor" – Die zwei Leben des Dr. Walter Schmitt (1909–1971), Norderstedt 2022

Bd. 2: Zirlewagen, Marc: Akteure, Gegner und Opfer der Schule Schloss Salem im „Dritten Reich" – Ein biographisches Lexikon, Norderstedt 2022

Bd. 3: Zirlewagen, Marc: Kurt Wolfram Elmenhorst / Carlos W. Elmenhorst (1910–2000), Norderstedt 2023